Manfred Mai

Der Traum von einer besseren Welt

Der Traum von einer besseren Welt

Die großen Menschheitsutopien
erzählt von Manfred Mai

Büchergilde Gutenberg

Der Inhalt dieses Buches wurde auf einem nach den Richtlinien des Forest Stewartship Council zertifizierten, holzfreien Papier der Papierfabrik Munkedal gedruckt.

Die Schreibweise in diesem Buch entspricht den Regeln der neuen Rechtschreibung.

Lizenzausgabe für die Büchergilde Gutenberg,
Frankfurt am Main, Zürich, Wien
www.buechergilde.de
Mit freundlicher Genehmigung
des Carl Hanser Verlags, München

Umschlaggestaltung: Kathrin Schüler, Hamburg,
unter Verwendung einer Illustration © shutterstock / grafica
Satz im Verlag
Druck und Bindung: GGP Media GmbH, Pößneck
Printed in Germany
ISBN 978-3-7632-6360-8

Inhalt

Vorwort

»Wer Visionen hat, soll zum Arzt gehen«, sagte der ehemalige deutsche Bundeskanzler Helmut Schmidt Anfang der 1980er Jahre, als die »Jungen Wilden« in der SPD ihr Zukunftsmodell von einem besseren Deutschland in einer besseren Welt vorlegten. So ähnlich wie Helmut Schmidt haben die Regierenden zu allen Zeiten über Menschen gedacht, die weit über den Tag hinausblickten und neue Vorstellungen von Staaten und Gesellschaften entwickelten. Solche Menschen wurden als Träumer, Fantasten und Spinner bezeichnet, manchmal auch als Unruhestifter, Aufwiegler und Volksverhetzer. Je nachdem wurden sie »nur« belächelt und verspottet oder angefeindet und verfolgt. Doch die meisten von ihnen ließen sich nicht beirren - zum Glück für uns Nachgeborene. Denn etwas überspitzt könnte man sagen: Hätte es diese Menschen und ihre Visionen nicht gegeben, würden wir heute noch leben wie im finstersten Mittelalter.

Um Menschen mit Visionen geht es in diesem Buch. Bei ihren Visionen handelt es sich nicht um übersinnliche Erscheinungen, religiöse Heilserwartungen oder irgendwelche Hirngespinste, sondern um detaillierte Entwürfe für »den besten Staat«. Solche Entwürfe nennt man seit fünfhundert Jahren *Utopien.* Diesen Begriff hat der Engländer Thomas Morus erfunden. Er leitete ihn aus den griechischen Wörtern *eu topos = guter Ort* und *ou topos = kein Ort* ab. Seinen 1516 verfassten Roman über eine bessere Gesellschaftsordnung nannte er dann auch »Ein wahrhaft goldenes Büchlein von der besten Staatsverfassung und von der neuen Insel Utopia«. In dem Roman entwarf er das Modell eines guten Staates, den es so noch an keinem bekannten Ort der Welt gab.

Utopia ist Nirgendland. Doch die Utopie von Thomas Morus schwebt keineswegs im luftleeren Raum des Nirgendwo; sie ist fest verwurzelt im England des frühen 16. Jahrhunderts. Die dort herrschenden politisch-gesellschaftlichen Zustände kritisiert Morus scharf und stellt seinen Entwurf eines besseren Staates dagegen.

Auch die anderen hier vorgestellten Utopien sind entstanden aus der Kritik an den jeweils herrschenden Verhältnissen. Bei allen Unterschieden haben ihre Verfasser doch eines gemeinsam: Sie gehen davon aus, dass die politisch-gesellschaftlichen Zustände nicht naturgegeben oder gottgewollt sind, sondern von Menschen gemacht wurden und deshalb auch von Menschen verändert werden können.

Einige Autoren beschreiben ihr Utopia mit großem Detailreichtum, manchmal auch etwas langatmig; andere betten ihre Vorstellungen in eine Romanhandlung ein, um die Sache spannender zu machen und die Leser bei der Stange zu halten. Dieses »Beiwerk« habe ich in meiner »Geschichte der Utopien« weggelassen und die teilweise sehr umfangreichen Texte so zusammengefasst, dass die jeweiligen Grundgedanken verständlich werden und vergleichbar sind. Dabei waren mir folgende Fragen bei den einzelnen Gesellschaftsentwürfen besonders wichtig:

Wie wird ein Staat regiert, und wie kommen die Regierenden in ihre Ämter?
Wie ist das Eigentum verteilt, wer darf was besitzen?
Wie sieht die Arbeitswelt aus?
Wie wohnen die Menschen, und was tun sie in ihrer Freizeit?
Wie werden Kinder erzogen und ausgebildet?
Welche Möglichkeiten haben Männer und Frauen, Jungen und Mädchen in einer Gesellschaft?
Wer hat welche Rechte, und wie werden sie geschützt?

Woran glauben die Menschen, wie ist ihr Verhältnis zur Religion?

Weil alle Utopisten »Kinder ihrer Zeit« waren, habe ich zu Beginn jeden Kapitels diese Zeit kurz skizziert, ebenso das persönliche Umfeld, in dem diese Menschen gelebt und gearbeitet haben. So können die Leserinnen und Leser besser nachvollziehen, was die Autoren zum Schreiben ihrer Utopien veranlasste.

Von den zahlreichen Entwürfen vom »besten Staat«, die seit der Antike vorgelegt wurden, können hier natürlich nicht alle vorgestellt werden; es würde den Rahmen dieses Buches sprengen. Ausgewählt habe ich nur solche Utopien, die sich mehr oder weniger ausführlich mit den oben genannten Aspekten beschäftigen. Wichtig war mir auch die Originalität der Texte, das heißt, die Entwürfe mussten für ihre Zeit neue, außerordentliche Gedanken enthalten, die über die bisherigen Utopien hinausführten.

Seit dem 20. Jahrhundert entstehen Utopien, die das Gegenteil von dem sind, was wir unter Utopien verstehen: Es sind negative Utopien. Vom griechischen *dys topos = schlechter Ort* abgeleitet, nennt man sie Dystopien. Ihre Verfasser sehen im technischen Fortschritt und in den modernen Staaten den einzelnen Menschen, ja die Menschheit als Ganzes bedroht. Sie erzählen nicht vom besten, sondern vom schrecklichsten Staat, um auf diese Weise vor Entwicklungen in der Gegenwart zu warnen. Zu den berühmtesten Dystopien gehört Aldous Huxleys Buch »Schöne neue Welt«. Darin zeichnet der Autor satirisch zugespitzt eine Welt, in der scheinbar alles so funktioniert, wie es für den Menschen gut ist – aber eben nur scheinbar. Huxleys Buch wirft ein neues Licht auf manche Utopie, weshalb ich es mit aufgenommen habe. Da es in diesem Buch aber um Utopien geht, sind die vielen anderen Dystopien, die in den vergangenen hundert Jahren geschrieben wurden, hier nicht berücksichtigt.

Schließen möchte ich mit einem Wort von Oscar Wilde aus dem

Jahr 1891: »Eine Weltkarte, in der das Land Utopia nicht verzeichnet ist, verdient keinen Blick, denn sie lässt die eine Küste aus, wo die Menschheit ewig landen wird. Und wenn die Menschheit da angelangt ist, hält sie Umschau nach einem besseren Land und richtet ihre Segel dahin. Der Fortschritt ist die Verwirklichung von Utopien.«

Platon

Philosophen sollen Könige werden oder Könige Philosophen

Der griechische Philosoph Platon lebte vor beinahe 2500 Jahren in Athen. Damals war Griechenland noch kein einheitlicher Staat; es gab viele Klein- oder Stadtstaaten, die die Griechen *Polis* nannten. Athen war einer davon. Dort hatte sich in jener Zeit eine völlig neue Herrschaftsform entwickelt: die Demokratie. Für die männlichen Bürger Athens (Frauen blieben von den Ämtern ausgeschlossen und besaßen auch kein Wahlrecht) galt nicht mehr das Prinzip von Befehl und Gehorsam, sondern von Rede und Gegenrede. Mit diesem öffentlichen Nachdenken und Reden, bei dem eine Sache von allen Seiten beleuchtet wird, haben die Athener sozusagen nebenbei die Philosophie erfunden. Sie befreiten das Denken aus der religiösen Abhängigkeit und machten es selbstständig. Nun waren eigene, neue Gedanken über Götter und Menschen, über Himmel und Erde möglich. Doch diese Freiheit und die neuen Gedanken gefielen nicht allen Athenern. Das musste auch Platon schmerzlich erfahren. Im reifen Alter schrieb er einmal: »Einst, als ich jung war, erging es mir wie vielen anderen. Ich glaubte nämlich, sobald ich mündig geworden sei, mich sofort mit den öffentlichen Angelegenheiten der Stadt befassen zu müssen.« Doch Platon wurde nicht Staatsmann, wie er es sich einmal vorgestellt hatte, sein Leben nahm einen anderen Verlauf, und er widmete sich ganz der Philosophie.

Als Sohn einer vornehmen und reichen Familie erlebte Platon in seiner Jugend den Niedergang der Demokratie. Von besonderer Bedeutung wurde für ihn der Prozess gegen seinen Lehrer und Freund

Sokrates, der wegen »Gottlosigkeit und verderblichem Einfluss auf die Jugend« angeklagt und zum Tod verurteilt wurde.

»Bei der Betrachtung solcher Vorgänge und der Menschen, welche damals an der Spitze der Staatsverwaltung standen, ferner bei näherer Prüfung der Staatsgesetze und der sittlichen Gewohnheiten der Bürger, schien mir die Verwaltung eines Staatsamtes mit der Vernunft desto schwerer vereinbar, je tiefer ich in diese Zustände blickte und je mehr ich dem reiferen Alter zuschritt«, schrieb Platon. »So beschloss ich, zwar nicht vom Nachdenken über mögliche Verbesserungen dieser politischen Zustände und der Staatsverfassung ganz abzulassen, mit einem tätigen politischen Wirken aber bis auf bessere Zeiten zu warten.«

Ein Ergebnis seines Nachdenkens war sein Buch *Politeia*, in dem er unter anderem einen idealen Staat entwarf. Seine Gedanken haben viele Philosophen und Staatstheoretiker nach ihm stark beeinflusst. Deswegen beginnen wir mit seinen Vorstellungen.

Nach Platon schließen sich die Menschen zusammen, weil sie den Lebenskampf in der Gemeinschaft von Gruppen erfolgreicher bestehen können. Werden diese Gemeinschaften größer, kommt es in ihnen zur Arbeitsteilung: Um die Grundbedürfnisse besser befriedigen zu können, arbeitet jeder in dem Bereich, für den er am besten geeignet ist. Es gibt Bauern, Hirten, Weber, Schuster, Maurer, Zimmerleute, Schmiede etc. Sie alle produzieren nicht nur für den eigenen Bedarf, sondern auch um ihre Produkte gegen andere einzutauschen. So entsteht eine arbeitsteilige Gesellschaft mit einer Tauschwirtschaft.

Je mehr Menschen mit verschiedenen Berufen diese Gesellschaft umfasst, je differenzierter sie also wird, desto schwieriger wird der direkte Warentausch. Den übernehmen bald Händler und Kaufleute, die sich für schwere körperliche Arbeit nicht eignen. Es entwickelt sich ein Markt, auf dem die Händler die Waren anbieten, anfangs immer noch zum Tausch gegen andere Waren. Weil dieser Tauschhandel mit zunehmender Größe der Gesellschaft zu umständlich wird, entsteht ein neues Tauschmittel: das Geld.

»Die Marktaufseher haben nun die für den Markt durch Gesetze festgelegte Ordnung aufrechtzuerhalten.« Wer gegen diese Ordnung verstößt, wird bestraft, »der Sklave und Fremde mit Schlägen und Gefängnis, der Einheimische aber, wenn er in dergleichen Dingen sich vergeht, mit Geldbußen.«

Je besser diese »Marktwirtschaft« funktioniert, desto eher kann sie die Grundbedürfnisse der Menschen befriedigen. Ist das der Fall, steigen die Ansprüche nach Gütern und Dienstleistungen – so lange, bis die Ressourcen des Landes erschöpft sind. Wollen die Menschen nun ihren Lebensstandard halten oder gar weiter steigern, müssen sie sich bei anderen Gesellschaften holen, was sie selbst nicht mehr in ausreichendem Maß haben. Dafür braucht man gut ausgebildete Krieger.

Um die Gemeinschaften im Staat zu organisieren, den Markt zu überwachen und das Staatsgefüge nach innen und außen zu lenken, ist eine Führung notwendig. Die Frage ist nun, wie diese Führung ausgewählt werden soll. Für Platon leiden die bisherigen Staaten an einem Grundfehler: In ihnen herrscht das Recht des Stärkeren. Der Stärkste übernimmt die Führung bzw. die Regierung, unabhängig von seinen moralischen Qualitäten. Oft schaut er mehr auf den eigenen Vorteil als auf das Wohl der Menschen. Wenn Regenten aber weder die moralischen noch die intellektuellen Qualitäten besitzen, dem eigentlichen Zweck des Staates zu dienen, ist er früher oder später zum Untergang verurteilt. Der Zweck des Staates ist es, für Gerechtigkeit zu sorgen, denn »die Ungerechtigkeit ist das größte aller Übel, die Gerechtigkeit aber das größte Gut«.

Aus diesen Überlegungen folgert Platon: »Wenn nicht entweder die Philosophen Könige werden in den Staaten oder die jetzt sogenannten Könige und Herrscher sich aufrichtig und gründlich mit der Philosophie befassen, und dies beides in eins zusammenfällt, Macht im Staat und Philosophie, gibt es kein Ende des Übels für die Staaten, ja, wenn ich es recht sehe, auch nicht für die Menschheit insgesamt.«

Philosophen sollen Könige werden oder Könige Philosophen,

denn wer nicht gründlich mit der Philosophie vertraut ist, sieht immer nur Einzelheiten und nicht das Ganze. Nur Philosophen sind in der Lage, die »Ideen, die den Einzeldingen zugrunde liegen« und die zusammen das Ganze bilden, zu begreifen. Könige, die keine Philosophen sind, können zwar im Einzelfall Richtiges und Gerechtes tun, nicht jedoch »das Richtige und Gerechte«, weil ihnen dazu Wissen und Verständnis fehlt. Darüber verfügen nur Philosophen, deswegen können auch nur sie »das Richtige und Gerechte tun« und die Forderung nach Gerechtigkeit im Staat politisch umsetzen.

Um seine Vorstellungen verständlicher zu machen, vergleicht Platon den Staat mit dem menschlichen Körper. Der besteht für ihn aus Kopf, Brust und Unterleib. Jedem dieser Teile ordnet Platon eine Eigenschaft zu: dem Kopf die *Vernunft*, der Brust den *Willen*, dem Unterleib die *Begierde*. In veredelter Form wird die Vernunft zur *Weisheit*, der Wille zum *Mut*, die gezügelte Begierde zur *Mäßigung*. Um aus den Menschen solch veredelte, tugendhafte Wesen zu machen, ist Erziehung notwendig. Erstes Ziel muss dabei sein, die Kinder zu lehren, ihre Begierde zu zügeln; danach gilt es, ihren Mut zu entwickeln; und schließlich soll ihre Vernunft geschult und ihre Weisheit gefördert werden. Wenn diese drei Teile eine harmonische Einheit bilden, kann von einem idealen Menschen gesprochen werden.

Im idealen »Staatskörper« bilden die weisen Herrscher den Kopf; die mutigen Wächter sind das Herz des Staates, den sie schützen und verwalten; das arbeitende Volk entspricht dem triebhaften Unterleib. Diesem dritten Stand widmet Platon wenig Raum. Er sieht in ihm nur den »Dienst- und Nährstand«, der für den Unterhalt des ersten und zweiten Standes aufkommen muss. Umso mehr beschäftigt sich Platon mit den Wächtern, von denen die Besten zu Herrschern werden. Deshalb sieht er eine Hauptaufgabe in der Erziehung dieses Standes. Besonders wichtig ist ihm dabei, die Seelen der heranwachsenden Wächter »durch Dichtung und Musik zu bilden«. Deswegen dürfen die Dichter nicht von unwürdigem Verhalten der Götter und Menschen erzählen, ebenso wenig von den hässlichen Seiten des Lebens. Literatur und Musik müssen erbauen und die Tugend fördern.

Neben der musischen Bildung steht die körperliche Ertüchtigung durch Gymnastik im Vordergrund, denn Seele und Körper müssen miteinander harmonieren.

Im Alter von zwanzig Jahren trennen sich die Bildungswege der auserwählten Jugendlichen; die Tapferen, aber weniger Begabten bleiben Wächter und werden zu Kriegern ausgebildet. Die anderen studieren weitere zehn Jahre sämtliche Wissenschaften. Dann folgt eine erneute Auswahl. Die Besten unter den ehemaligen Wächtern studieren nun fünf Jahre Philosophie und arbeiten anschließend in verschiedenen Ämtern. Anstatt sich im Reich der Gedanken zu bewegen, müssen sie sich nun fünfzehn Jahre lang im praktischen Leben bewähren. Erst wenn sie fünfzig Jahre alt sind, werden sie bei Eignung in den Herrscherstand aufgenommen. Die Eignung wird im Lauf der Jahre immer wieder überprüft, indem die Kandidaten in Versuchungen geführt werden. Dabei soll sich zeigen, ob sie sich dazu verführen lassen, ihren eigenen Interessen und ihrem Vergnügen nachzugehen. Nur wer jeder Versuchung widersteht und in allen Fällen zum Wohle der Gemeinschaft handelt, kann Herrscher bleiben.

Damit die Wächter und die späteren Herrscher früh lernen, keine materiellen Interessen zu verfolgen, sondern nur der Gerechtigkeit zu dienen, schlägt Platon einen radikalen Schritt vor: »Erstens darf keiner irgendein Eigentum besitzen außer dem allernotwendigsten; sodann darf keiner eine Wohnung und Vorratskammer haben, in die nicht jeder, der will, eintreten kann; was sie zum Leben brauchen, sollen sie ratenweise von den übrigen Bürgern als Lohn für ihr Wächteramt erhalten, und zwar so viel, dass es für den jährlichen Bedarf gerade ausreicht. Sie sollen weder etwas übrig haben noch Mangel leiden; Gold und Silber aber, soll man ihnen sagen, haben sie göttliches von Göttern immer in ihrer Seele und bedürfen des menschlichen nicht.«

Die Wächter und Herrscher dürfen nach Platon also kein Privateigentum besitzen. Sie wohnen zusammen und nehmen ihre Mahlzeiten gemeinsam ein. Wächter und Herrscher können übrigens auch Frauen sein, da Platon die für seine Zeit revolutionäre Auffassung vertritt, trotz einiger Unterschiede seien Frauen in der Lage, auf allen Gebieten ähnliche Leistungen zu erbringen wie Männer. Deswegen sollen sie auch die gleiche Erziehung erhalten wie diese und die gleichen Chancen, sich zu betätigen. Denn nur wenn auch die Frauen nach besten Kräften mitarbeiten, könne der Staat seine maximale Leistungsfähigkeit entfalten.

Platons nächster revolutionärer Schritt besteht in der Abschaffung von Ehe und Familie beim ersten und zweiten Stand. Die Kinder gehören nicht länger ihren leiblichen Eltern, sondern der Gemeinschaft. Sie wachsen in staatlichen Kindergärten auf, ohne ihre Erzeuger zu kennen. Dadurch soll die Treue zum Staat gefördert werden, der an die Stelle der Eltern tritt.

Selbst für die Zeugung sieht Platon bestimmte Regeln vor: Den Bürgerinnen und Bürgern ist der Geschlechtsverkehr nur an bestimmten Festtagen gestattet, an denen sie per Los einen Zeugungspartner zugeteilt bekommen. Allerdings will Platon die Paarungslotterie nicht dem Zufall überlassen, sondern »kluge Lose machen« –, wovon die Teilnehmer natürlich nichts wissen.

Außerdem will er »denjenigen unter den jungen Männern, die im Kriege oder sonst wo sich tüchtig erweisen, unter andern Auszeichnungen und Preisen auch die häufigere Erlaubnis, bei Weibern zu schlafen, erteilen, damit zugleich auch unter diesem Vorwand möglichst viele Kinder von solchen gezeugt werden«.

Sein Ziel formuliert Platon so: »Es müssen die besten Männer den besten Weibern möglichst oft beiwohnen und die schlechtesten Männer den schlechtesten Weibern möglichst selten. Die Kinder der Ersteren muss man aufziehen, die der anderen aber nicht, wenn die Herde möglichst vorzüglich sein soll. All das muss geschehen, ohne dass es jemand außer den Regierenden selbst bemerkt.« Platon will die Kinder, die »körperlich untüchtig« sind, sterben lassen; »die in Bezug auf die Seele schlecht gearteten und unheilbaren« sollen getötet werden. Auf diese Weise soll die Auslese, die bei den zivilisierten Menschen nicht mehr auf natürliche Art funktioniert, wieder in Gang gebracht werden. Dass viele Menschen mit diesem »Züchtungsprogramm« nicht einverstanden sein würden, war Platon klar. »Es scheint uns, dass die Regierenden viel Lug und Betrug werden anwenden müssen zum Besten der Regierten.«

In Platons Idealstaat nutzen die Herrscher ihre Macht nur zum Wohl der Bürger und des Staates. Selbst wenn sie lügen und betrügen, dient das einem edlen Zweck. Weil sie als Philosophen »das Richtige und Gerechte« erkannt haben, handeln sie notwendigerweise danach; es ist ihnen gar nicht anders möglich. Ein Missbrauch der Macht ist damit ausgeschlossen, eine Kontrolle der Herrscher unnötig. Entscheidungen müssen daher auch vor niemandem begründet oder gar gerechtfertigt werden; es wäre auch nicht möglich, weil die Regierten nicht über die Weisheit der Philosophenkönige verfügen und deren Entscheidungen deshalb gar nicht nachvollziehen und verstehen könnten.

Von den Herrschern bis zu den Hirten »tut jeder das Seine« zum Wohl des Ganzen. Alle haben ihr Auskommen, nicht mehr und nicht weniger. Es gibt keinen Reichtum und keine Armut und damit auch keinen Grund für Neid und Streit. Die Menschen, die alle »Kinder von Mutter Erde« sind, leben als Brüder und Schwestern zufrieden miteinander.

Platons Entwurf eines idealen Staates wurde zum Urtext in der Geschichte der Staatsideen. Viele Denker und Dichter, die später eigene Staats- und Gesellschaftsmodelle entwickelten, bezogen sich auf ihn. Aber Platon wurde dafür auch immer wieder kritisiert. Der erste Kritiker war bereits sein Schüler Aristoteles. Er hielt Platons Staat für zu statisch; sein Modell führe zu einer Verarmung des politischen Lebens. Wenn immer nur ein Stand herrsche, käme es zu Unzufriedenheit bei den Vielen. Auflehnung und Umsturz seien früher oder später die Folge.

Ein guter Staat müsse den Fähigkeiten der Menschen entsprechen und allen Bürgern die Chance geben, sich politisch zu beteiligen.

Damit hat Aristoteles bereits wichtige Punkte angesprochen, die bis in unsere Zeit Gegenstand der Kritik an Platon sind.

Zum schärfsten Kritiker der Politeia *wurde im 20. Jahrhundert der Philosoph Karl Popper. In seinem 1945 erschienenen Buch »Die offene Gesellschaft und ihre Feinde« wirft er Platon vor, das Grundmodell des totalitären Staates ausgearbeitet und propagiert zu haben. Seine Vorschläge zur Züchtung nach eugenischen Grundsätzen, also die Auslese geistig, seelisch und körperlich für besonders »tauglich« eingestufter Menschen gegenüber den Untüchtigen und weniger »gut Gearteten«, gingen von der Maxime aus: Das einzelne Leben, das Individuum ist nicht wichtig, wichtig ist nur das Ganze, der Staat. Diese Maxime gelte auch für seine Gedanken zur Erziehung, zum Zusammenleben in den verschiedenen Gemeinschaften und zur Herrschaftsauslese.*

Für Popper ist Platon damit der erste und wichtigste Theoretiker einer »geschlossenen Gesellschaft« gewesen, in der es keine gewaltlose Veränderung geben kann und Eliten diktatorisch herrschen. Wohin solche Gedanken führten, habe man in kommunistischen und faschistischen Staaten gesehen.

Poppers Kritik an Platon entstand unter den unmittelbaren Eindrücken der grausamen Regime Hitlers und Stalins. Sein wichtigstes Argument gegen derart »große« Staats- und Gesellschaftsentwürfe war, dass große Veränderungen oft nur mit Gewalt und vielen Opfern erreicht werden könnten. Anzustreben sei vielmehr eine schrittweise Verbesserung der Lebensverhältnisse aller Menschen, anstelle des einen großen revolutionären Wurfs.

Dass Platon sein Buch Politeia *mehr als 2000 Jahre vor der Schreckensherrschaft der Nationalsozialisten und den kommunistischen Diktaturen geschrieben hat, muss natürlich berücksichtigt werden. Trotzdem zeigt das Beispiel der* Politeia, *wie uns manche Wunschvorstellungen früherer Jahrhunderte heute fremd und mitunter furchterregend erscheinen können.*

Thomas Morus

Utopia, Insel der Hoffnung in einem Meer von Tränen

Der Engländer Thomas Morus wurde am 7. Februar 1478 in London geboren und lebte in einer Zeit tiefgreifender kultureller und sozialer Umbrüche. Während die große Mehrheit der Menschen im 15. Jahrhundert ihr Schicksal und den Zustand der Welt noch als gottgegeben hinnahm, versuchten vor allem Gelehrte und Künstler, sich von diesem überkommenen Weltbild zu befreien. Dabei schauten sie jedoch nicht nach vorn, sondern erst einmal zurück in die Welt der Griechen und Römer, die ihnen heller erschien als das »finstere Mittelalter«. Das nun beginnende Zeitalter erhielt dadurch seinen Namen: »Renaissance«, was so viel wie Wiedergeburt bedeutet. Das mittelalterlich-christliche Menschenbild, wonach das Leben vor allem der Vorbereitung auf das Jenseits dient, wurde abgelöst: Man wandte sich dem Diesseits zu und rückte den Menschen in den Mittelpunkt des wissenschaftlichen und künstlerischen Interesses. Ausgehend vom antiken Denken wurde der Mensch nicht mehr nur als Teil eines Ganzen gesehen, sondern als ein eigenständiges Wesen, das seinen Zweck in sich selbst hat. Der Mensch sollte über sich und sein Leben selbst entscheiden und seine Fähigkeiten voll entfalten können. Als Voraussetzung dafür galt eine umfassende Bildung, die sich am antiken Vorbild des Gelehrten orientierte. Weil der Mensch nun im Mittelpunkt der neuen Kultur stand, spricht man auch vom Zeitalter des »Humanismus«.

Doch nicht nur der Mensch und die Vorgänge in der Natur wurden genau beobachtet und erforscht, auch über Himmel und Erde wollte man mehr erfahren. Während des Mittelalters waren reisende Händler und Seefahrer noch überwiegend an bekannten Küsten entlanggesegelt, aus Angst, das »Ende der Welt« zu erreichen und dort zu erfrieren, zu zerschmettern oder von Meeresungeheuern verschlungen zu werden. Solche Ängste gab es auch noch im 15. Jahrhundert, aber die Aufbruchstimmung der Renaissance war gewaltig und ermutigte die Seefahrer, neue Wege zu wagen. Einer von ihnen war Christoph Kolumbus (1451 – 1506), der eine ebenso einfache wie geniale Idee hatte: Wenn die Erde eine Kugel war, wie schon Aristoteles vermutet hatte, dann musste man nur immer nach Westen segeln, um irgendwann im fernen Osten zu landen. Am 3. August 1492 machte sich Kolumbus mit 120 Mann Besatzung von Spanien aus auf den Weg und strandete neun Wochen später auf einer Insel, die er für Indien hielt. Deren Bewohnern gab er deswegen den Namen »Indianer«.

Auch andere segelten nach Westen, und bald wurde ihnen klar, dass Kolumbus keinen neuen Seeweg nach Indien, sondern eine neue, bisher unbekannte Welt entdeckt hatte. Nach dem Seefahrer Amerigo Vespucci wurde sie »Amerika« genannt.

Als Kolumbus Amerika entdeckte, war Thomas Morus vierzehn Jahre alt. Seine Familie gehörte dem aufstrebenden Stadtbürgertum an, das aufgrund seiner wirtschaftlichen Stellung und seiner Bildung politischen Einfluss forderte und zunehmend auch gewann. Die Eltern wünschten, dass ihr Sohn in die Fußstapfen seines Vaters treten und wie dieser Jurist werden sollte. Doch der junge Morus hatte ganz andere Interessen. Er las lieber in den Schriften der Humanisten als in denen der Juristen und zeigte sogar Neigungen für das mönchische Leben. Doch schließlich fügte er sich dem Wunsch seiner Eltern, studierte Jura, wurde ein angesehener Jurist und bereits als Fünfundzwanzigjähriger Mitglied des englischen Parlaments. Morus stand in Verbindung mit vielen Gelehrten seiner Zeit. Besonders wichtig für ihn war die freundschaftliche Beziehung mit dem großen Humanisten Erasmus von Rotterdam (1466 – 1536);

beide schrieben sich nicht nur Briefe, sie besuchten sich auch gegenseitig.

Thomas Morus hat viel darüber nachgedacht, wie ein idealer Staat aussehen könnte, und sich dabei auch an Platons Vorstellungen orientiert. Allerdings verfasste er kein wissenschaftliches Buch über seine Ideen, sondern einen Roman, der 1516 unter dem Titel »Ein wahrhaft goldenes Büchlein von der besten Staatsverfassung und von der neuen Insel Utopia« erschien. Den zweiten Teil des Buches vollendete Morus während eines längeren Aufenthalts in Flandern. Dabei tauschte er sich häufig mit Erasmus aus, dem er das Buch auch widmete.

Utopia. Damit hatte Thomas Morus nicht nur ein neues Wort erfunden, er wurde auch zum Begründer einer neuen literarischen Gattung, dem utopischen Roman. Den Begriff *Utopia* leitete er aus den griechischen Wörtern *eu topos = guter Ort* und *ou topos = kein Ort* ab. In seinem Roman entwarf er also das Modell eines guten Staates, den es so noch an keinem bekannten Ort der Welt gab. Utopia ist Nirgendland.

Wer das Modell eines guten Staates entwirft, ist mit dem Staat, in dem er lebt, nicht zufrieden. Mit dieser Unzufriedenheit beginnt das Buch.

Morus erfindet mit dem Portugiesen Raphael Hythlodeus einen Mann, der viel gereist ist. »Um die Welt kennenzulernen, schloss er sich dem Amerigo Vespucci an. Dessen ständiger Begleiter war er auf den drei letzten jener vier Reisen, von denen man bereits überall liest; doch kehrte er von der letzten nicht mit ihm zurück.« Von diesem Raphael Hythlodeus heißt es: »Es lebt heute kein Mensch auf der Welt, der derartige Dinge von unbekannten Ländern und Menschen erzählen könnte.« Mit ihm führt Morus einen fiktiven Dialog, an dessen Beginn Hythlodeus sagt, er sei überall auf törichtes, widersinniges und überhebliches Verhalten der Fürsten gestoßen, »aber besonders in England«.

Es folgt eine scharfe Kritik am Verhalten der englischen Adligen,

»die nicht nur selbst müßig wie Drohnen von der Arbeit anderer leben, die, glaube mir, die Pächter ihrer Güter um höherer Einkünfte willen bis aufs Blut schinden«. Dann schildert er sehr anschaulich, was passierte, als die weltlichen und geistlichen Grundbesitzer erkannten, dass die Schafzucht rentabler war als der Ackerbau. »Sie lassen kein Stück Land zur Bebauung übrig, sie zäunen alles als Weide ein, reißen die Häuser ab, zerstören die Dörfer und lassen gerade noch die Kirchen als Schafställe stehen … Damit also ein einziger Prasser, in seiner Unersättlichkeit eine unheilvolle Pest für sein Vaterland, einige Tausend Morgen zusammenhängenden Ackerlandes mit einem einzigen Zaun umgeben kann, werden Pächter von Haus und Hof vertrieben und finden keinen Platz, wohin sie sich wenden könnten. Ihren ganzen Hausrat verschleudern sie, weil sie ihn loswerden müssen. Ist der Erlös auf der Wanderschaft verbraucht, was bleibt ihnen schließlich anderes übrig, als zu stehlen und dann – natürlich nach geltendem Recht – gehenkt zu werden?«

»Ist es richtig«, fragt Hythlodeus dann, »die kleinen Diebe mit dem Tod zu bestrafen? Sind die wahren Schuldigen nicht die Adligen, die immer größere Vermögen zusammenraffen?«

Bevor er diese Fragen beantwortet, berichtet er noch von anderen Ländern, die er bereist hat. Schließlich fasst er zusammen: »Wenn ich daher alle Staaten, die heute irgendwo in Blüte stehen, prüfend an meinem Geiste vorbeiziehen lasse, so finde ich – so wahr mir Gott helfe – nichts anderes als eine Art Verschwörung der Reichen, die im Namen und unter dem Rechtstitel des Staates für ihren eigenen Vorteil sorgen.«

Wo die Wurzel allen Übels liegt, ist für Hythlodeus keine Frage: »Indessen, mein lieber Morus, scheint es mir – um offen zu sagen, was ich denke – in der Tat so, dass es überall da, wo es noch Privateigentum gibt, wo alle alles nach dem Wert des Geldes messen, es kaum jemals möglich sein wird, gerechte Politik zu betreiben.« Um die Güter gleichmäßig und gerecht zu verteilen und das Leben der

Menschen glücklich zu gestalten, müsse deshalb das Privateigentum beseitigt werden.

Morus äußert dagegen Bedenken: Die Leute würden sich vor der Arbeit drücken, wenn sie kein Eigentum mehr hätten und erwerben könnten. Jeder würde darauf hoffen, vom fremden Fleiß profitieren zu können. Schließlich würden die Güter nicht mehr ausreichen, es käme zu Mord und Aufruhr. »Mir scheint dort, wo alles Gemeingut ist, ein erträgliches Leben unmöglich.«

Hythlodeus entgegnet ihm: »Ich wundere mich nicht, dass dir das so vorkommt. Du vermagst dir ja auch kein Bild von einem solchen Zustand zu machen, oder nur ein falsches. Wenn du aber mit mir in Utopien gewesen wärest und hättest mit eigenen Augen die dortigen Sitten und Einrichtungen gesehen, wie ich, der ich mehr als fünf Jahre dort gelebt habe und niemals mehr hätte fortgehen wollen, wenn nicht, um von dieser Welt zu berichten, dann würdest du ohne Weiteres gestehen, nirgendwo sonst ein so wohlgeordnetes Staatswesen gesehen zu haben wie dort.«

Im zweiten Teil des Buches schildert Raphael Hythlodeus dann die Zustände auf der Insel Utopia. Sie ist in 54 gleich große Bezirke aufgeteilt. In jedem Bezirk gibt es eine Stadt, zu jeder Stadt gehört das umliegende Ackerland mit den landwirtschaftlichen Gehöften. Jede Stadt umfasst sechstausend Großfamilien, in denen nicht weniger als zehn und nicht mehr als sechzehn Erwachsene leben. Gibt es in einer Familie zu viele Kinder, werden »die überschüssigen in kinderarme Familien eingegliedert«. Auf diese Weise soll die Bevölkerungszahl reguliert werden.

An der Spitze der Familie steht der Älteste. »Die Frauen sind den Männern, die Kinder den Eltern und überhaupt die Jüngeren den Älteren unterstellt.«

Je 30 Familien wählen jährlich einen Vorstand, Syphogrant genannt. Diese 200 Syphogranten wählen 20 Vertreter, die Traniboren, für ein Jahr in den Senat. Und sie wählen den zum Staatsoberhaupt, den sie für den ehrenwertesten und tüchtigsten Bürger halten. Das

Amt des Staatspräsidenten wird auf Lebenszeit übertragen und nur entzogen, wenn der Amtsinhaber »tyrannische Gelüste« zeigen sollte. Alle übrigen Ämter in Utopia werden jährlich neu besetzt. »Wer einem Amt nachjagt, verscherzt sich damit die Aussicht auf jedes Amt.«

Der Senat kommt jeden dritten Tag mit dem Präsidenten zur Beratung zusammen; sie verhandeln über Staatsangelegenheiten und schlichten Privatstreitigkeiten, »die außerordentlich selten sind«.

Um keine gesellschaftlichen Unterschiede zwischen Stadt- und Landbevölkerung aufkommen zu lassen, betreiben alle Utopier, Männer und Frauen, die landwirtschaftlichen Betriebe gemeinsam. Dazu ziehen sie abwechselnd für zwei Jahre von der Stadt aufs Land. Außer der Landwirtschaft, die alle zeitweise ausüben, erlernt jeder noch ein besonderes Handwerk. Die Frauen betreiben leichtere Gewerbe wie Wolle spinnen und Leinen weben, die Männer werden Maurer, Schmied, Schlosser oder Zimmermann. Gearbeitet wird sechs Stunden am Tag. »Diese Arbeitszeit genügt zur Erzeugung aller Dinge, die lebensnotwendig sind oder zur Bequemlichkeit dienen.« Sie genügt deshalb, weil in Utopia die Frauen werktätig sind, weil es kein Heer von »faulenzenden Taugenichtsen« gibt und weil keine unnützen Dinge hergestellt werden. Ein Beispiel dafür ist die Kleidung. Während in anderen Ländern eine Person vier oder fünf verschiedenfarbige Tuchanzüge und ebenso viele seidene Unterkleider besitzt – die Vornehmen sogar noch mehr –, braucht in Utopia jeder nur einen Arbeitsanzug und zum Ausgehen ein Obergewand, das auf der ganzen Insel aus dem gleichen naturfarbenen Wollstoff hergestellt wird. Für den Utopier »liegt kein Grund vor, mehr Kleider zu wünschen; bekäme er sie, so wäre er weder gegen die Kälte besser geschützt, noch sähe er in seiner Kleidung auch nur um ein Haar vornehmer aus«.

So wie mit der Kleidung verhält es sich mit allem: Niemand versucht, »andere durch das Prunken mit überflüssigen Dingen zu übertrumpfen. Diese Untugend hat bei den Utopiern überhaupt keinen Platz«.

Was sie produzieren, liefern sie in den öffentlichen Speichern ab. Aus diesen erhalten sie dann – ohne Geld – alles, was sie zum Leben brauchen. Und keiner verlangt mehr, als er wirklich braucht.

Die Freizeit verwenden die meisten zur geistigen Weiterbildung. Abends sitzen sie noch eine Stunde zusammen, »treiben Musik oder erholen sich bei Gesprächen. Würfel aber und dergleichen unschickliche und verderbliche Spiele kennen sie nicht einmal«.

In diesem Sinne werden schon die Kinder in den Großfamilien erzogen. Ergänzt wird diese Erziehung durch den Unterricht bei Priestern – »auch das weibliche Geschlecht ist von diesem Stande nicht ausgeschlossen«. Die männlichen Priester werden »mit den auserlesensten Töchtern des Landes verheiratet, denn kein Amt genießt bei den Utopiern höhere Ehre«. Die Priester unterrichten die Jungen *und* Mädchen nicht nur in Glaubensfragen, »ihre Sorge gilt ebenso sehr der sittlichen Betreuung wie der wissenschaftlichen Ausbildung«. Dabei liegt ein Schwerpunkt auf den Naturwissenschaften einschließlich der Astronomie. Die Astrologie mit ihrem »ganzen Schwindel der Wahrsagerei aus den Sternen« lehnen sie ab.

Einen weiteren Schwerpunkt bildet die Philosophie und hier besonders die Sittenlehre. Nach dieser ist das höchste Gut des Menschen das Glück, und Glück gibt es nicht ohne Lust. »Lust nennen sie jede Regung und jeden Zustand des Leibes und der Seele, die naturgemäß auszukosten Genuss verschafft.« Allerdings besteht die Glückseligkeit nicht in jeder Art von Vergnügen, »sondern nur im ehrenhaften und sittsamen«. Mithilfe der Vernunft kann der Mensch zwischen wahrer Lust und falschem Vergnügen unterscheiden und ein naturgemäßes und damit ein tugendhaftes Leben führen. Wenn er das tut, wird seine unsterbliche Seele nach diesem Leben von Gott »mit unermesslicher und nie endender Freude«, mit der ewigen Glückseligkeit, belohnt.

Die besten Jungen und Mädchen werden nach der Schulzeit von der Arbeit freigestellt, um die Wissenschaften gründlicher zu studieren. Aus dem Kreis der wissenschaftlich Gebildeten werden die neuen Priester, die Traniboren und der Staatspräsident gewählt.

Schon in der Schule werden die Mädchen und Jungen auf die Geschlechtsmoral und die Ehegesetze vorbereitet. »Die Frauen heiraten nicht vor dem achtzehnten Lebensjahr, die Männer noch vier Jahre später.« Voreheliche Geschlechtsverkehr ist ihnen verboten. Wer dabei erwischt wird, darf nicht heiraten. Bevor zwei Menschen heiraten, sollen sie sich jedoch nackt sehen. Diesen Brauch lehnen die Fremden als unschicklich und lächerlich ab. Die Utopier wundern sich »über die Dummheit aller anderen Völker«. Dort kauft man ja selbst einen lumpigen Gaul nicht, ohne ihm die Decke und den Sattel abgenommen zu haben. Wie viel wichtiger sei es doch, bei der Wahl des Ehepartners, »einer Entscheidung also, die Freude oder Verdruss für das ganze Leben bedeutet«, genau hinzuschauen – und zwar ohne Hüllen.

Die sorgfältige Prüfung des Ehepartners ist auch deshalb so wichtig, »weil die Ehe dort selten anders als durch den Tod gelöst wird«. In Utopien darf kein Mann seine Frau verstoßen, »nur weil sie einen körperlichen Schaden erlitten hat; denn sie halten es für grausam, jemanden gerade dann im Stich zu lassen, wenn er am meisten des Trostes bedarf, und ebenso, da das Alter ja Krankheiten mit sich bringt und schon allein eine Krankheit ist, dem alternden Ehepartner gegenüber unzuverlässig und treulos zu werden«.

Bei Ehebruch kann der gekränkte Partner die Trennung verlangen und darf wieder heiraten. Der Ehebrecher »bleibt auf Lebenszeit ehe- und ehrlos zugleich … und wird mit der härtesten Zwangsarbeit bestraft«.

Für die übrigen Verbrechen sind keine bestimmten Strafen vorgeschrieben. Der Senat setzt nach einer Verhandlung das jeweilige Strafmaß fest.

Es gibt überhaupt sehr wenig Gesetze, weil die Utopier verhindern wollen, dass die Menschen unnötig eingeschränkt werden. »Ferner lehnen sie grundsätzlich sämtliche Rechtsanwälte ab, da die ihre

Prozesse auf durchtriebene Weise führen und die Gesetze spitzfindig auslegen.« Die Wahrheit lässt sich am besten herausbekommen, wenn jeder vor dem Senat redet, ohne dass ihn ein Rechtsanwalt Verstellung gelehrt hat.

In religiösen Fragen sind die Utopier sehr tolerant. Manche verehren die Sonne, manche den Mond als Gottheit. Doch die große Mehrheit glaubt an »ein einziges, unbekanntes, ewiges, unendliches, unbegreifliches göttliches Wesen, das die menschliche Fassungskraft übersteigt«. Sie glauben, dass dieses Wesen, das sie Mythras nennen, das Weltall erschaffen hat.

Seit die Utopier von Jesus Christus gehört haben, von seinem Leben und Leiden, haben sich viele dem Christentum angeschlossen. Ein Grund dafür war, dass Jesus die gemeinschaftliche (kommunistische) Lebensführung gepredigt habe, die in echten christlichen Gemeinden auch gelebt werde – so ähnlich wie in Utopia.

Auch jene, die der christlichen Religion nicht zustimmen, halten niemanden davon ab, ihr zu folgen, weder mit friedlichen Mitteln noch gar mit Gewalt. In Utopien gilt der Grundsatz, »dass jeder der Religion anhängen darf, die ihm beliebt«.

Nicht nur im Innern, auch nach außen sind die Utopier gegen Gewalt. »Den Krieg verabscheuen sie aufs Äußerste als etwas einfach Bestialisches … Und im Gegensatz zu der Gewohnheit fast aller Völker halten sie nichts für so unrühmlich wie den Ruhm, den man im Krieg zu erreichen sucht.«

Sie lehnen Bündnisse, wie andere Völker sie miteinander schließen, entschieden ab. Solche Bündnisse sind in den Augen der Utopier daran schuld, dass die Menschen verschiedener Völker »sich gegenseitig für geborene Feinde halten und glauben, sie müssten bis zur völligen Vernichtung gegeneinander kämpfen«.

Auch wenn die Utopier den Krieg verachten, bereiten sie sich auf ihn vor, »und zwar nicht nur die Männer, sondern auch die Frauen an bestimmten Tagen, um für den Notfall ausgebildet zu sein«. Doch selbst im Kampf versuchen sie, den Angreifer nicht mit Waffen, sondern durch List und Tücke zu besiegen. Gleichzeitig unternehmen sie alles, um den feindlichen Fürsten und seine wichtigsten Männer aus dem Weg zu räumen. Denn es ist besser, ein paar Schuldige werden getötet als viele Unschuldige.

»Wenn sie den Sieg errungen haben, machen sie keineswegs alles nieder ... Einen mit den Feinden geschlossenen Waffenstillstand halten sie so heilig, dass sie ihn nicht einmal verletzen, wenn sie gereizt werden.«

Abschließend beteuert Raphael Hythlodeus, dass er die Verfassung dieses Staatswesens so wahrheitsgemäß wie möglich beschrieben habe, »das nach meiner festen Überzeugung nicht nur das beste, sondern auch das einzige ist, das mit Recht den Namen eines ›Gemeinwesens‹ für sich beanspruchen kann«. Denn nur in Utopia »findet man Gerechtigkeit und Gleichheit«.

Thomas Morus ist noch nicht überzeugt, und manches scheint ihm fragwürdig bis unsinnig. Doch nachdem er über alles einige Zeit nachgedacht hat, gesteht er gern, »dass es im Staat der Utopier sehr vieles gibt, was ich unseren Staaten eher wünschen möchte als erhoffen kann«.

Ob Thomas Morus selbst auf seiner Insel Utopia hätte leben mögen, war in der Literatur immer umstritten. Ebenso die Frage, ob er seine Leser wirklich dazu auffordern wollte, Utopia zu verwirklichen. Unstrittig ist dagegen, dass er die Zustände in seinem Heimatland kritisierte, indem er ihm das Modell eines idealen Staates gegenüberstellte. Das war der Zweck seines Buches.

Zum Ausgangspunkt seiner Kritik wurde, dass der Besitz im Land ungerecht verteilt war. Damit zeigte sich Morus als sehr moderner Denker, denn die Verteilungsgerechtigkeit ist bis heute eines der wichtigsten politischen Themen überhaupt. Jedes Land muss sich dieser Frage von Neuem stellen. In Deutschland ist die gerechte Verteilung von Wohlstand heute in jedem Wahlkampf ein zentraler Punkt. Nur wenn Lö-

sungen für dieses Problem gefunden würden, so glaubte schon der Utopist Thomas Morus, ist innerer und äußerer Frieden möglich.

Auch in Glaubensfragen ist der Staat Utopia von erstaunlicher Modernität. Im 16. Jahrhundert war die Verfolgung Andersgläubiger keine Seltenheit, es gab Hexenverbrennungen, und Ketzer wurden öffentlich hingerichtet. Heute halten wir uns für tolerant gegenüber anderen Religionen. Dass aber immer noch Vorurteile herrschen, zeigen Debatten, wie die über den Islam, die viele Gemüter erhitzen.

Thomas Morus tritt in seiner Schrift selbst als Person auf und argumentiert mit seiner Romanfigur Raphael Hythlodeus. Durch diesen Kunstgriff sollen die Leser zum Mitdenken angeregt werden. Dazu passt auch, dass Morus am Ende kein eindeutiges Urteil über Utopia fällt, sondern den Leser auffordert, selbst zu entscheiden, was zu tun ist. Man könnte also sagen, »Ein wahrhaft goldenes Büchlein von der besten Staatsverfassung und von der neuen Insel Utopia« enthält nicht nur das Modell eines idealen Staates, sondern zugleich ein verschlüsseltes Reformprogramm.

Tommaso Campanella

Ein philosophisches Leben in freier Gemeinschaft

Um 1500 gab es in Westeuropa nur eine christliche Kirche mit dem Papst in Rom als Oberhaupt. Diese christlich-katholische Kirche hatte sich im Laufe der Zeit immer mehr verweltlicht, viele Kirchenfürsten waren mehr an Geld, Pracht und Macht als an der Lehre von Jesus Christus und am Seelenheil der Menschen interessiert. Der päpstliche Hof benötigte viel Geld für sein aufwendiges Leben, und als Papst Leo zu Beginn des 16. Jahrhunderts einen Dom bauen wollte, wie die Welt noch keinen gesehen hatte, mussten noch zusätzliche Einnahmequellen erschlossen werden. Dazu half eine raffinierte Idee: der sogenannte »Ablasshandel«. Der Papst schickte Prediger aus, die den Menschen erzählten, sie würden von ihren Sünden und den Qualen des höllischen Fegefeuers befreit, wenn sie dafür einen »Ablass« bezahlten.

Gegen dieses unchristliche Geschäft wandte sich am entschiedensten der deutsche Mönch und Theologieprofessor Martin Luther (1483 – 1546). Er gewann schnell viele Anhänger, die mit ihm die Kirche reformieren wollten. Das gefiel den Kirchenfürsten natürlich nicht. Bald standen sich beide Lager unversöhnlich gegenüber, und 1546 begann sogar ein Krieg zwischen ihnen. Im anschließenden »Augsburger Religionsfrieden« von 1555 wurde die lutherische Lehre und damit die neue protestantische Kirche als gleichberechtigt anerkannt. Aber deswegen herrschte noch lange kein Frieden zwischen den beiden Religionsgemeinschaften; in allen europäischen Ländern, in denen sich Protestanten und Katholiken gegenüberstanden, kam es immer wieder zu Auseinandersetzungen, die schließlich zum Dreißigjährigen Krieg führten.

In diesem religiös zerstrittenen Europa wuchs der 1568 geborene Italiener Tommaso Campanella auf. Im Alter von fünfzehn Jahren trat er dem Orden der Dominikaner bei und wurde Mönch, allerdings keiner, der sich damit von der Welt abwandte. Im Gegenteil, schon mit achtzehn veröffentlichte er seine erste Schrift, in der er die herrschenden Zustände in seinem Land kritisierte und Reformen forderte. Ihr folgten bald weitere Schriften zu philosophischen, theologischen und juristischen Fragen, für deren Inhalt er immer wieder angeklagt und eingesperrt wurde. Insgesamt saß Campanella 27 Jahre seines Lebens in Gefängnissen und wurde mehrfach gefoltert. Im Gefängnis schrieb er dann 1602 sein wichtigstes Werk, den »Sonnenstaat«.

Auch wenn Campanella in diesem Werk nicht mit einer expliziten Kritik an den herrschenden Verhältnissen beginnt, so wird durch gelegentliche Hinweise dennoch deutlich, gegen welche Missstände er sich vor allem wendet. Er sieht die Gesellschaft in zwei Gruppen zerfallen, weil die Arbeit ungerecht verteilt sei. Die Handwerker und Bauern würden verachtet, während all jene, die untätig seien »und sich eine Menge Sklaven zu ihrer Muße und zu ihrem Vergnügen halten«, als edel gelten. Der große Unterschied zwischen Arm und Reich führe zum Zerfall der Sitten. »Die harte Armut mache die Menschen feil, hinterlistig, verschlagen, diebisch, hinterhältig, landflüchtig, lügnerisch, meineidig usw., der Reichtum aber unmäßig, hochmütig, unwissend, verräterisch, grundlos, eingebildet, prahlerisch, gefühllos, streitsüchtig usw.« Die Folge dieser Polarisierung sei, dass die notwendigen Arbeiten nicht oder nur schlecht gemacht würden, was die Wirtschaftskraft schwäche und letztlich zum Zerfall des Gemeinwesens führe. Wolle man das verhindern, müssten Staat und Gesellschaft völlig anders aufgebaut werden – so wie in seinem »Sonnenstaat«.

Campanella verweist mehrfach auf die Schriften von Platon und Aristoteles und kennt auch Thomas Morus' »Utopia«. Wie dieser erfindet er einen Seefahrer, einen genuesischen Admiral, der dem Großmeister des Hospitaliter Ordens von seinen Reisen »um den ganzen Erdball« und speziell von Taprobana, der »Sonnenstadt genau unter dem Äquator«, erzählt. Dorthin sind Menschen vor dem Aberglauben und der Tyrannei in Indien geflohen, um »gemeinsam ein philosophisches Leben zu führen«.

Die Stadt liegt auf einem gewaltigen Hügel und »ist in sieben riesige Kreise oder Ringe eingeteilt, die nach den sieben Planeten benannt sind«. Jeder Ring wird durch Erdwälle, Gräben, Türme und Krieger so gut geschützt, dass er von Gegnern nur sehr schwer einzunehmen ist. Alle sieben Ringe zu erobern und die Stadt zu unterwerfen, scheint unmöglich. Auf dem Gipfel des Hügels erhebt sich »ein Tempel, der 350 Schritte misst und mit wunderbarer Kunstfertigkeit errichtet« wurde.

An der Spitze der Sonnenstadt steht ein Priester, »den sie in ihrer Sprache *Sol* (Sonne) nennen; in unserer würden wir sagen: Metaphysikus«. Er entscheidet letztlich alle weltlichen und geistlichen Angelegenheiten. Für dieses höchste Amt kommt nur einer infrage, »der die Geschichte aller Völker kennt, ihre Sitten und Gebräuche, ihre Religionen und Gesetze, die republikanischen und die monarchischen Einrichtungen … die Ursachen der Erd- und Himmelserscheinungen. Ebenso verlangen sie von ihm die Kenntnis aller Handwerke, außerdem auch der Physik, Mathematik und Astrologie … Vor allem aber muss er Metaphysik und Theologie beherrschen, den Ursprung, die Grundlagen und die Beweise aller Künste und Wissenschaften kennen« – und noch einiges mehr.

»Wer aber kann so viel wissen?«, fragt der staunende Großmeister.

Nur ein Mensch, der »mit einem ganz außerordentlichen, zu allem und jedem befähigten Geiste begabt ist und das Wesen der Dinge erfassen kann«, ein Genie also, das schon göttliche Züge besitzt.

Dem Sol stehen die drei höchsten Würdenträger des Staates zur Seite: *Pon* (Macht), *Sin* (Weisheit) und *Mor* (Liebe).

Der Pon organisiert die militärische Ausbildung der Sonnenstaatler und ist oberster Befehlshaber im Krieg.

Der Sin ist für die Künste und Wissenschaften zuständig, ebenso für die Ausbildung der Lehrer und das Schulwesen.

Der Mor regelt die Fortpflanzung und achtet darauf, dass alle möglichst gesund leben.

Sol, Pon, Sin und Mor bleiben lebenslänglich in ihren Ämtern – »sofern sie nicht selbst nach vorheriger Beratung untereinander ihre Würde auf einen anderen übertragen, den sie für weiser, scharfsinniger und würdiger erkannt haben«.

Alle übrigen Ämter werden neu besetzt, wenn die Volksversammlung das beschließt. Sie tritt zweimal im Monat zusammen; mitreden und abstimmen dürfen »alle, die über zwanzig Jahre alt sind«.

Die Sonnenstaatler gehen davon aus, »Glieder *eines* Körpers und der eine ein Teil des anderen zu sein«. Daraus folgt für sie der Grundsatz, »dass zuerst für das Leben der Gesamtheit, dann für das der Teile gesorgt werden muss«. Voraussetzung dafür ist die Abschaffung des Privateigentums, und zwar radikal. Denn »sie behaupten, dass der Eigentumsbegriff daher kommt, dass wir unsere eigenen Wohnungen und eigene Kinder und Frauen haben. Daraus entsteht die Selbstsucht. Denn um den Sohn zu Reichtum und Würden zu bringen und als Erben eines großen Vermögens zu hinterlassen, werden wir alle zu Räubern an dem Gemeinwesen … Wenn wir aber die Selbstsucht aufgeben, so bleibt bloß noch die Liebe zur Gemeinschaft übrig«. Folgerichtig – jedenfalls aus patriarchalischer Sicht – sind auch die Frauen Gemeinbesitz, und die Kinder werden gemeinsam aufgezogen.

Frauen müssen bei der Fortpflanzung mindestens 19 Jahre alt sein, Männer mindestens 21. Welcher Mann mit welcher Frau Kinder zeugen darf, entscheidet die Behörde des Mor. Denn die Zeugung dient der Erhaltung der Art und des Staates und darf deswegen nicht den Einzelnen überlassen bleiben, weil »diese meistens sinnlos zeugen« und ihre Kinder oft nicht zum Wohl des Ganzen erziehen. Deshalb ist es »die erste und heiligste Pflicht des Staates«, dafür zu sorgen, dass nur Männer und Frauen »von bester Veranlagung« Kinder zeugen. »Große und schöne Frauen werden nur mit großen und tüchtigen Männern verbunden, dicke Frauen mit mageren Männern und schlanke Frauen mit starkleibigen Männern, damit sie sich in erfolgreicher Weise ausgleichen.«

Wann die ausgewählten Paare sich zum Beischlaf in den dafür vorbereiteten Schlafgemächern treffen, bestimmt der Astrologe. Denn nur wenn die Sterne günstig stehen, gibt es gesunde und tüchtige Nachkommen.

Schwierig ist die Sache bei den hohen Beamten und Gelehrten. »Diese haben nämlich infolge des vielen Nachdenkens nur schwache Triebe, und weil sie immer über irgendetwas grübeln, bringen sie nur schwächliche Nachkommen hervor. Daher wendet man hier besondere Maßnahmen an: Man verbindet diese Gelehrten mit Frauen, die von Natur aus lebhaft, lebenslustig und besonders schön sind.«

Die schwangeren Frauen stehen unter ärztlicher Aufsicht, müssen gymnastische Übungen machen und dürfen nur das essen, was ihnen und ihrer Leibesfrucht zuträglich ist. Nachdem die Kinder geboren sind, werden sie von den Frauen zwei Jahre lang gemeinsam in dazu bestimmten Häusern aufgezogen. Dann werden die Mädchen Lehrerinnen, die Jungen Lehrern anvertraut. Diese unterrichten die Kinder fünf Jahre auf »kurzweilige« Weise im Lesen, Schreiben und in den Sprachen, in Geschichte und Naturkunde, und sie treiben mit ihnen Sport, damit sich ihre Körper gut entwickeln.

Schon mit sechs Jahren nimmt man sie mit in die Werkstätten der verschiedenen Handwerker, um zu sehen, wer in welcher Weise praktisch begabt ist. Und nach dem siebten Lebensjahr werden sie schrittweise in die Wissenschaften eingeführt. Durch diese frühe und breit gefächerte Ausbildung können die Lehrerinnen und Lehrer die Begabungen und Fähigkeiten der Kinder auch früh erkennen und sie entsprechend fördern.

»Da die Gleichaltrigen aber meistens unter derselben Konstellation gezeugt sind, haben sie auch ganz ähnliche Anlagen, Eigenschaften und Merkmale. Daher rührt auch die große und anhaltende Eintracht innerhalb des Staates. In Liebe und Hilfsbereitschaft unterstützen sie sich gegenseitig.«

Weil im Sonnenstaat alle arbeitsfähigen Männer und Frauen arbeiten – selbst Körperbehinderte arbeiten je nach ihren Möglichkeiten mit – , reicht eine Arbeitszeit »von kaum vier Stunden« täglich aus, um die Menschen mit allem Notwendigen zu versorgen. Ja mehr noch: »Sie haben alle Dinge im Überfluss«, denn jeder tut seine Arbeit zum Wohl des Ganzen gern und erfolgreich. Die übrige Zeit verbringen sie »auf angenehme Weise mit Lernen, Disputieren, Lesen, Erzählen, Schreiben, Spazierengehen, geistigen und körperlichen Übungen und Vergnügungen. Jedoch ist ihnen kein Spiel erlaubt, das im Sitzen gespielt wird, weder Würfel- noch Schach- noch andere Brett- oder ähnliche Spiele. Sie belustigen sich vielmehr mit Bällen, Ledersäcken, Reifen und Ringen, mit Pfahlwerfen, Pfeil- und Armbrustschießen usw.«.

In einer solchen Gemeinschaft sind »alle zugleich arm und reich: reich, weil sie alles haben, arm, weil sie nichts besitzen; und dabei dienen sie nicht den Dingen, sondern die Dinge dienen ihnen«.

Da die Sonnenstaatler auf Äußerlichkeiten keinen Wert legen, tragen alle praktische weiße Kleider, die jeden Monat einmal gewaschen und viermal im Jahr gewechselt werden. Ihre Körper waschen sie mit Wasser, sooft Ärzte und die Behörde es anordnen. Daran haben sich alle zu halten. Sollte eine Frau ihr Gesicht schminken oder Schuhe mit hohen Absätzen tragen oder ihre Mängel auf andere Weise verstecken wollen, wird sie »mit dem Tode bestraft«. Diese höchste Strafe scheint den Sonnenstaatlern nötig, damit solche Frauen sich nicht die Fortpflanzung erschleichen und mangelhafte Kinder gebären.

Auf die Gesundheit wird sehr geachtet; neben der sportlichen Betätigung und der Körperhygiene wird auch die Ernährung von Ärzten überwacht. Täglich wechseln die Bürger des Sonnenstaates zwischen Fleisch, Fisch und pflanzlichen Produkten. Die Erwachsenen essen zweimal am Tag, die Kinder viermal, »je nach Anordnung des Arztes«. Auch beim Trinken halten sie sich zurück. Jugendliche dürfen bis zum 19. Lebensjahr keine alkoholischen Getränke zu sich nehmen; und auch danach trinken sie den Wein nur mit Wasser gemischt. Erst Männer ab fünfzig dürfen ihn unverdünnt genießen.

Weil sie so gesund leben und bei der Zeugung mit den besten Anlagen ausgestattet wurden, »werden sie bis zu hundert Jahre alt, manche sogar bis zu zweihundert«.

Aber irgendwann müssen auch die Sonnenstaatler sterben. Davor fürchten sie sich allerdings nicht, weil sie an die Unsterblichkeit der Seele glauben. Sie sind überzeugt, »dass diese sich nach dem Verlassen des Körpers mit guten oder bösen Geistern« vereinigt, je nachdem, wie der Verstorbene gelebt hat. »Bezüglich der Orte der Strafen und Belohnungen unterscheidet sich ihre Ansicht wenig von der unseren«, sagt der genuesische Admiral.

Sie glauben an Gott, »den Schöpfer aller Dinge«, der die höchste Macht, die Weisheit und die Liebe verkörpert. Ihn gelte es zu preisen und zu verehren. Das könne der Mensch aber nicht richtig, »wenn er nicht Gottes Werke erforsche und erkenne, seine Gesetze beobachte und die Lehren der Philosophie in seinen Taten befolge«. Eine Möglichkeit dazu bietet die Astrologie, denn wer den Lauf der Gestirne und ihre Beziehungen zueinander richtig deuten kann, hat zumindest eine Ahnung von der göttlichen Vorsehung. »Aufgrund der Astrologie und auch nach unseren Propheten lässt sich viel von dem kommenden Zeitalter sagen.« Deswegen orientieren sich die Sonnenstaatler bei allem, was sie tun und lassen, an den Gestirnen. Vierundzwanzig gelehrte Priester, die in der Astrologie besonders bewandert sind, »bestimmen die Stunden der Zeugung, den Tag der Aussaat, der Ernte und der Weinlese. Sie sind gleichsam Unterhändler und Vermittler: das Band zwischen Gott und den Menschen … Jeden Tag steigt der Sol zu ihnen hinauf und berät sich mit ihnen über die Dinge, die sie neuerlich zum Wohle des Staates und aller Völker der Welt entdeckt haben.«

Die Sonnenstaatler leben nach dem Grundsatz: »Was du nicht willst, das man dir tu, das füg auch keinem andern zu.« Daraus folgt, dass sie mit allen Völkern in Frieden leben möchten und nie ein anderes Land angreifen. Doch manche neiden ihnen ihren Wohlstand und verhalten sich feindselig. Um sich gegen diese Länder wehren zu können, üben sich die Sonnenstaatler in der Kriegskunst. Wenn es zum Krieg kommt, kämpfen sie klug und listenreich. Auch Frauen und Knaben sind mit dabei. »Und es ist erstaunlich, wie viel das allein schon ausmacht. Mancher Soldat greift, um sich vor Frauen und Kindern tapfer zu zeigen, umso heftiger an. Die Liebe macht Sieger.«

Nach dem Sieg danken sie Gott. Die besiegten Staaten werden in die Gemeinschaft aufgenommen. »Sie erhalten eine Besatzung und Behörden des Sonnenstaates und gewöhnen sich allmählich an dessen Einrichtungen.« Die Sonnenstaatler kämpfen nur, »um die Besiegten zu bessern, nicht aber um sie zu vernichten«.

Dem »Sonnenstaat« merkt man an, dass es Campanella weder um einen gekonnten künstlerischen Aufbau noch um einen eleganten literarischen Stil seines Werkes ging; wichtig war ihm der Stoff, der Inhalt. Bestimmte Themen, die ihn besonders beschäftigten, nahm er immer wieder auf, wiederholte und variierte sie. Er, der 27 Jahre in Gefängnissen saß und seinen »Sonnenstaat« auch in der Zelle verfasste, schrieb mit heißem Herzen. Entstanden ist dabei interessanterweise kein Werk, das die Freiheit des Einzelnen besingt, sondern eine »Utopie der sozialen Ordnung«.

An der Spitze von Campanellas Sonnenstaat steht ein Herrscher von übermenschlichen Fähigkeiten und Qualitäten. Der Philosoph Ernst Bloch sprach in diesem Zusammenhang von einem »befehlenden Zentrum«, das »Ordnung klassenlos, doch extrem hierarchisch« herstelle. Vorrangiges Ziel im Sonnenstaat sei es, so Bloch, jeden »unbeherrschten Zufall, Einzelfall, Glücksfall« aufzuheben.

Der einzelne Mensch mit seinen Bedürfnissen und Interessen war für Campanella nicht von Bedeutung. Wie viele andere frühe Utopisten sah er den Menschen lediglich als Teil eines größeren Ganzen. Die Idee des Individuums ist noch relativ jung. Sie tauchte im Humanismus auf und erlebte in der Aufklärung ihren Durchbruch. Heute wird kaum etwas höher bewertet als das Glück und die Zufriedenheit des Einzelnen. Den meisten Utopisten schwebten dagegen bei ihren Idealstaaten soziale Kollektive vor: Bei Campanella war es die Gemeinschaft in einem christlichen Staat, die sich den Regeln des Glaubens vollkommen unterwirft.

Johann Valentin Andreae

Christianopolis – ein wahrhaft christlicher Staat

Achtzehn Jahre nach Tommaso Campanella, am 17. August 1586, wurde Johann Valentin Andreae im schwäbischen Herrenberg bei Tübingen geboren. Sein Vater Johann war evangelischer Pfarrer und zuletzt Abt in Königsbronn; sein Großvater Jakob Andreae war Professor für Theologie und Kanzler der Universität Tübingen und wurde der »Luther von Württemberg« genannt. Viel mehr noch als Campanella wuchs der junge Andreae in der Auseinandersetzung zwischen den beiden Religionsgemeinschaften auf. Und dass Martin Luther selbst vor dem Kaiser und den hohen Geistlichen standhaft geblieben war und seine Lehren nicht widerrufen hatte, machte ihn im Hause Andreae zum großen Vorbild. Johann Valentin nannte ihn später in einer Schrift: »jener unbesiegte Held, unser Doktor Luther«.

Andreae war ein besonders schwächliches Kind und konnte erst als Zweijähriger stehen und dann auch langsam gehen lernen. Dafür entwickelte sich sein Geist umso schneller. Er lernte leicht und fleißig. Als er im Alter von fünfzehn Jahren an der Universität Tübingen das Studium der Naturwissenschaften begann, hatte er sich bereits intensiv mit Astronomie, Mathematik und Mechanik, Geschichte und Philosophie beschäftigt. In seiner Autobiografie schrieb er über seine Jugend: »Indes bin ich durch alle Wissenschaften geschweift, ich habe Juristerei und Medizin betrieben, mein Schifflein auf das hohe Meer der Geschichte gelenkt und sechs oder sieben Sprachen mir angeeignet. Wie viele Bibliotheken habe ich durchforscht, obwohl ich selbst eine Bibliothek von 3000 Bänden besaß!

Nichts, was profane und geistliche Bildung bot, habe ich ungekostet gelassen.«

Mit 21 Jahren hat er, der inzwischen Theologie studierte, auf unerlaubte Weise vom weiblichen Geschlecht »gekostet« und wurde dadurch in einen Sittenskandal verwickelt. Er verließ die Universität und reiste fünf Jahre lang als Begleiter vermögender Leute durch die Schweiz, durch Frankreich, Österreich und Italien. Dabei sah er viel und nahm Neues begierig auf. Tief beeindruckt war er von der Organisation des kirchlichen und gesellschaftlichen Lebens in Genf. Dort hatte der Reformator Johannes Calvin (1509 – 1564) seine Vorstellung von einer christlichen Gemeinde verwirklicht. In dieser Gemeinde herrschten Zucht und Ordnung. Das gesamte Leben wurde von der Kirche reglementiert und überwacht, auch durch Spitzel. Vergnügungen wie Tanz, Theater, Karten- und Würfelspiele waren verboten. Wer dagegen verstieß, wurde ebenso bestraft wie jemand, der zu viel getrunken hatte. Auf Gotteslästerung, Unzucht und Ehebruch stand die Todesstrafe. Ein zweites einschneidendes Erlebnis hatte Andreae in Rom. Das Leben dort und mehr noch den Zustand der katholischen Kirche in ihrem Zentrum fand er so schlimm, dass er beschloss, in Zukunft für die Stärkung der reformierten lutherischen Kirche zu arbeiten. 1612 kehrte er nach Tübingen zurück und setzte sein Theologiestudium fort. Zwei Jahre später wurde er Pfarrer in Vaihingen, heiratete Agnes Elisabeth Grüninger und bekam mit ihr neun Kinder.

Neben seiner Arbeit als Pfarrer veröffentlichte er in der Vaihinger Zeit mehrere Schriften, darunter 1619 *Christianopolis.*

In einem Vorwort an den »christlichen Leser« nennt er Martin Luther ausdrücklich als Vorbild. Der habe nicht klein beigegeben, sondern sich gegen die katholische Kirche und den Papst erhoben, um dem Wort Gottes wieder Geltung zu verschaffen und die Christenheit zu retten. Dennoch stehe längst nicht alles zum Besten. »Ob wir nämlich die Kirchen, die Höfe oder die Universitäten betrachten – sie sind keineswegs frei von Ehrsucht, Geiz, Völlerei, Wollust, Neid,

Müßiggang und anderen herrschenden Lastern.« Das müsse sich ändern. Aber wie? Als Beispiel habe er das Buch geschrieben über »diesen neuen Staat, den ich den von *Christianopolis* zu nennen beliebe und in dem ich die Herrschaft ausübe«.

Der formale Aufbau des Buches ähnelt dem der *Utopia* und des *Sonnenstaats*, die Andreae beide kannte. Wie Morus und Campanella beginnt er seine Schilderungen mit einer Reise, die mit einem Schiffbruch endet. Allerdings wird schon bei den ersten Sätzen ein nicht unwesentlicher Unterschied deutlich:

»Während ich als Fremdling auf dieser Welt umherirre, durch die Herrschaft der Tyrannei, Sophisterei und Heuchelei leiden musste und den Menschen noch nicht finden konnte, nach dem ich sorgenvoll suchte, habe ich mich gleichwohl entschlossen, noch einmal die Fahrt auf das Akademische Meer hinauszuwagen, das mir doch so oft übel mitspielte. So bestieg ich das Schiff der Fantasie, ließ in Begleitung vieler anderer die gewöhnlichen Häfen hinter mir und setzte Leib und Leben den tausend Gefahren aus, die die Wissbegierde nach sich zieht.«

»Akademisches Meer« ist ein origineller Begriff. Er signalisiert, dass Andreae mit seiner Schrift eine wissenschaftliche Diskussion über den idealen Staat anregen wollte. Für ihn war es ein intellektuelles Spiel »auf dem Schiff der Fantasie«.

Schon auf der ersten Buchseite zerschellt das Schiff der Reisenden. »Kaum einer von uns entging dem Tod, und ich wurde schließlich ohne einen einzigen Gefährten an eine Art winzigen Ufersaum getrieben.« Andreae ist auf der Insel Capharsalama gelandet, was so viel wie »Ort des Friedens« heißt. Ein freundlicher Wächter findet ihn und führt ihn in die Stadt, von der Andreae schon nach dem ersten Eindruck schreibt: »Auf der ganzen übrigen Welt gibt es keine, die ihr ähnlich wäre oder sich mit ihr messen könnte.« Er fragt den Wächter, wie diese Stadt entstanden sei, und erhält zur Antwort: Viele wahrhaft gute Menschen, die wegen ihres Glaubens aus ihren Heimatländern vertrieben worden seien, hätten sich hier angesiedelt und die Stadt *Christianopolis* errichtet. In dieser Stadt sollen Wahrheit und Güte zu Hause sein.

Nachdem Andreaes sittliche, körperliche und geistige Tauglichkeit – wie bei jedem Fremden – überprüft wurde, darf er die Stadt betreten. In 93 Kapiteln schildert er die Gebäude und Einrichtungen sehr ausführlich. Die Wohnhäuser sind alle »nach einem Muster gebaut. In der Wohnung üblichen Typs gibt es drei Räume: Wohnzimmer, Schlafzimmer und Küche«. Die Häuser gehören der Gemeinschaft und werden auch »aus öffentlichen Aufwendungen in Ordnung gehalten«. Die Wohnungen sind schlicht und bescheiden eingerichtet, weil die »ungefähr 400 Bürger« Pracht und Luxus ablehnen. Das gilt auch für die Kleider, von denen es nur zwei Arten gibt: »eins zur Arbeit und eins zur Freizeit; alle sind nach einem Muster entworfen, unterscheiden sich aber nach Geschlecht und Alter des Trägers. Das Material ist Leinen und Wolle und wird je nach heißer und kalter Jahreszeit gewechselt. Die Farben sind bei allen weiß oder aschgrau, und niemand hat hier üppig Geschneidertes.«

Kleidung, Hausrat und Nahrungsmittel bekommen die Menschen in den öffentlichen Vorratshäusern. Ihre Mahlzeiten nehmen sie zu Hause ein, damit die Familien, die meistens aus vier oder fünf Personen bestehen, ungestört zusammen sein können. »Für gewöhnlich haben sie vier Mahlzeiten, die von den Frauen reinlich zubereitet und mit frommen und herzlichen Worten gewürzt werden.«

Weil niemand etwas besitzt, »weil man hier keine Mitgift kennt und die Sorge um das täglich Brot entfällt«, entscheiden sich die jungen Menschen bei der Partnerwahl »nach den Tugenden, zuweilen auch nach der Schönheit«. Männer dürfen mit 24, Frauen mit 18 heiraten, brauchen aber die Zustimmung der Eltern. Hauptzweck der Ehe ist die Zeugung von Kindern. »Sich fortzupflanzen trägt Würde in sich, die Glut sinnlichen Begehrens dagegen ist zu verurteilen. Wer dies nicht beherzigt, paart sich wie das Vieh.« Eines der schlimmsten Verbrechen ist die Untreue. Wer Ehebruch begeht, hat »mit schweren Strafen zu rechnen«.

Stirbt einer der Ehepartner, darf der andere nach einem Jahr wieder heiraten.

Die Arbeitsverteilung zwischen Männern und Frauen ist klar geregelt: Die Frauen lernen »spinnen, nähen, sticken, weben... Teppichwirken ist ihr Kunstwerk, Kleiderherstellung ihr Handwerk, Waschen ihr Pflichtwerk. Im Übrigen müssen sie auch Haus und Küche versorgen und sauber halten«.

Die Männer arbeiten in der Landwirtschaft oder als Handwerker. Jede Arbeit wird gleich hoch geschätzt. In Christianopolis sind »die meisten Handwerker richtige Gelehrte«. Alle erhalten neben ihrer praktischen auch eine wissenschaftliche Ausbildung, damit sie die tieferen Zusammenhänge der Dinge verstehen. Deswegen verrichtet hier niemand seine Arbeit mechanisch wie ein Tier; alle kennen den Wert ihrer Arbeit für das Ganze und machen sie bewusst und gern. Weil alle gern und gut arbeiten, sind »nur wenige Arbeitsstunden« pro Tag nötig, um alles Notwenige zu produzieren. Über die Verteilung der Güter wacht ein staatlicher Aufseher. Er sorgt dafür, »dass keiner weniger bekommt, als ihm zusteht. Diese Verteilung geht weit einfacher vonstatten, als man annehmen könnte, denn da niemand in seiner Lebenshaltung Sonderansprüche geltend macht oder mehr Nahrungsmittel für sich fordert, als Jahreszeit und Brauch der Stadt mit sich bringen, vielmehr alle sich nach dem Grundsatz der Gleichheit richten, ist die Verteilung nach Einwohnerzahl und Menge des Vorrats flink erledigt«.

Der »Grundsatz der Gleichheit« gilt nicht nur bei der Verteilung der Güter, er gilt auch in Bezug auf das Privateigentum: Es ist abgeschafft. Niemand besitzt ein Haus, niemand besitzt Arbeits- und Produktionsmittel, niemand besitzt Geld. »Gerade darin sind die Einwohner glücklich zu achten, dass niemand durch Besitz von Reichtum den andern übertrifft, weil Tüchtigkeit und Geist hier mehr gefragt sind und Sittlichkeit und Frömmigkeit sich höchster Wertschätzung erfreuen.« Jedem ist es »Ruhm und Gewinn genug, Gott wohlzugefallen«.

Obwohl in diesem Christenstaat Gott die höchste Instanz ist, gibt es eine politische Führung. Dabei wird die Herrschaft weniger Auserwählter der Monarchie vorgezogen, weil »der Mensch zu Tyrannei und Schwachheit neigt. Da es so steht, ist ein Triumvirat das Sicherste, zu dem nur die Besten und Erfahrensten des Staates zugelassen sind«. Sie sind für verschiedene Lebensbereiche zuständig und haben zur Erfüllung ihrer Aufgaben jeweils acht Senatoren als Mitarbeiter. Die wichtigsten Fragen berät und beschließt das Triumvirat, also die Staatsspitze bestehend aus drei Personen, gemeinsam. Seine Mitglieder und die 24 ihnen unterstellten Senatoren werden von der Volksversammlung gewählt – in der Frauen allerdings kein Stimmrecht besitzen. »In Kirche und Ratsversammlung haben sie zu schweigen.« Denn für Andreae »ist nichts gefährlicher, als wenn die Frauen insgeheim regieren und die Männer offensichtlich gehorchen; nichts ist dagegen mehr geraten, als wenn jedes Geschlecht das Seine tut«. Deswegen ist Politik im patriarchalischen Christianopolis allein Sache der Männer, nur sie können wählen und in kirchliche oder staatliche Ämter gewählt werden.

Das erste Mitglied des Triumvirats ist der Theologe, eine Art Glaubens- und Kulturminister. Zu seinen Aufgaben gehören die Verkündigung von Gottes Wort, die Organisation des kirchlichen und gesellschaftlichen Lebens und die religiöse Erziehung der Jugend.

Das zweite Mitglied ist der Richter, eine Art Wirtschafts- und Sozialminister. Er ist für die Organisation des Wirtschaftslebens und für die gerechte Verteilung der Güter zuständig. In Streitfällen muss er entscheiden und Recht sprechen.

Das dritte Mitglied ist der Gelehrte, eine Art Wissenschafts- und Bildungsminister. Er kümmert sich um Schulen, Bibliotheken, Archive und Museen. Die sollen so ausgestattet sein, dass Kinder und Jugendliche möglichst gut ausgebildet werden können.

Über Krieg und Frieden entscheiden alle drei gemeinsam. Wenn irgend möglich, wollen sie den Frieden bewahren, denn sie verabscheuen den Krieg. Trotzdem haben sie »jede Art von gefährlichen und todbringenden Instrumenten in unglaublicher Menge für die Abwehr ungerechter Gewalt«. Alle Bürger erhalten Waffen, »die sie in den Häusern für den Notfall bereithalten«. Ein anderes Land angreifen würden die Christianopoliter niemals, weil sie wissen, wie grausam ein Krieg ist und wie viel Not er über die Menschen bringt.

Sehr viel ausführlicher als mit dem politischen System beschäftigt sich Andreae mit dem Erziehungswesen. Als oberste Lernziele formuliert er: »Erste und höchste Aufgabe ist es, Gott mit reinem und demütigem Sinn zu verehren; die zweite, die besten und keuschesten Sitten zu erlangen; die dritte, den Geist zu schulen.« Dafür gibt es in Christianopolis acht »Auditorien«, die »offen, strahlend und fröhlich« gestaltet sind, sodass das Lernen Freude macht. In diesen Räumen werden die Kinder »nicht vom Sommer gebraten, frieren nicht im Winter, werden nicht von Lärm belästigt und brauchen keine Angst vor der Einsamkeit zu haben«. Was in anderen Ländern nur an Fürstenhöfen geboten wird, gibt es hier für alle Kinder. Der Staat investiert viel in die Schulgebäude und damit in die Jugend, »das wertvollste Gut«, das er hat. Deswegen wählt er auch die Erzieher sorgfältig aus. Sie »entstammen nicht dem Bodensatz der Gesellschaft oder taugen zu nichts anderem, sondern sind besonders auserlesene Bürger, die eine angesehene Stellung im Staat haben und auch häufig zu den höchsten Ämtern gelangen«.

Die Schule besuchen alle Kinder, »und zwar beiderlei Geschlechts«. Wenn sie sechs Jahre alt sind, geben ihre Eltern sie in die Schule ab, und der Staat übernimmt die Elternrolle. »Alle bekommen hier ihre Speise, ihren Schlaf und die Pflege von Geist und Körper.« Aber die leiblichen Eltern können ihre Kinder jederzeit besuchen.

Die Schüler werden in drei Gruppen eingeteilt: Kinder, Jugendliche und Heranwachsende. Für alle Gruppen wird ein autoritär geführter Unterricht mit Beschimpfungen und Schlägen abgelehnt. Vielmehr sollen die Lehrer »freie Menschen lieber mit Sanftmut, Freundlichkeit und großzügiger Behandlung erziehen«.

Im ersten Auditorium werden die Sprachen Hebräisch, Griechisch und Lateinisch gelehrt und gelernt. Dazu kommen für ältere Schüler noch weitere Sprachen; »dies nicht, um mehr zu wissen, sondern um die Möglichkeit zu haben, mit vielen Einwohnern der Erde in Verbindung zu treten und es so nicht nötig zu haben, dem einen oder anderen ›Griechlein‹ zu glauben«.

Im zweiten Auditorium wird das hinterfragende Denken – der fortgeschrittenen Knaben – geschult. Sie lernen Methoden, mit denen sie dank ihrer Vernunft darauf schließen können, »was wahr sein muss, wahr sein kann und wo der Schein der Meinung verborgen liegt«. Wenn die menschliche Vernunft an ihre Grenze stößt, beginnt »die Theosophie, eine Wissenschaft, die nichts zu erkennen sucht, was mit menschlicher Erfindung und Forschung zu tun hat, sondern alles Gott verdankt. Wo die Natur aufhört, fängt sie an«.

Im dritten Auditorium geht es um die Welt der Zahlen und Formen, im vierten um die Musik. »Man kann dort nicht eintreten, bevor man nicht das Studium der Arithmetik und Geometrie durchlaufen hat: so sehr beruht sie auf Zahl und Maß.«

Im fünften Auditorium werden Astronomie und Astrologie unterrichtet. Während man die Bewegungen am Himmel beobachten und beweisen kann, ist der Einfluss der Sterne auf den Menschen ungewiss. Viele glauben daran, »doch die Vernunft gebietet Zweifel«.

Im sechsten Auditorium geht es zuerst um Physik. »Durch sie nämlich erreichen wir ein allgemeines und spezielles Wissen von beiden Welten und erforschen Bewegung, Art, Handeln und Dulden der Geschöpfe; ebenso, woraus die Dinge bestehen, was ihre Form ist, ihr Maß, Ort und Zeit.«

In diesem Auditorium wird außerdem Geschichte unterrichtet. Dabei soll »die Beobachtung der Vergangenheit« allgemeine Aussagen über das Handeln der Menschen ermöglichen. Denn »es ist offensichtlich, dass Menschen, die die Vergangenheit nicht kennen, unfähig zur Gegenwart sind und untauglich zur Zukunft – mögen sie auch sonst noch so eingebildet und stolz sein«.

»Im siebten Auditorium herrscht die Ethik, die Meisterin aller menschlichen Tugenden: der Klugheit, Gerechtigkeit, Mäßigkeit und Tapferkeit und den damit verbundenen anderen.«

Das achte und letzte Auditorium ist »der Theologie geweiht, der Königin aller Dinge, die Menschen besitzen, und der Herrin der Philosophie«. Hier geht es darum, »die Worte der Heiligen Schrift verstehen, nachahmen und verteidigen« zu lernen.

Neben den acht Auditorien gibt es noch die Räume der Medizin, in denen Krankheiten erforscht, Heilmittel entwickelt und Kranke behandelt werden. »Am häufigsten verschreiben die Ärzte ihren Bürgern Mäßigung und Bewegung als heilsamste Art, die Gesundheit zu bewahren.«

Zuletzt hat die Rechtswissenschaft noch ihren Raum, »wenn auch mehr ehrenhalber als aus Notwendigkeit«. Denn in Christianopolis »ist nichts offensichtlicher als die Gerechtigkeit, und nichts streitet mit dem andern«, sodass man eine Justiz »überhaupt nicht braucht«.

Ob in der Schule, bei der Arbeit oder in der Freizeit, für alle Menschen in Christianopolis ist es selbstverständlich, dass sie nach den Geboten Gottes leben. »Jeden Tag, morgens, mittags und abends, werden drei Betstunden gehalten. Niemand darf sich davon ohne schwerwiegenden Grund ausschließen; die Eltern führen alle Kinder, die sie haben, heran, dass auch sie, wenngleich mit noch unbeholfener Zunge, Gottes Lob sprechen. Danach hört man auf ungefähr eine halbe Stunde der Lesung des Wortes Gottes zu und beschließt die Versammlung mit einem Lobgesang.«

Neben den Geboten Gottes orientieren sich die Bürger in Christianopolis an der Verfassung, die sie sich gegeben haben:

I. Wir streben mit allen Kräften danach, Gott, dem Schöpfer und einzigen Herren des Menschengeschlechts, in aller Verehrung und Anbetung zu dienen, ihm nichts Himmlisches oder Irdisches vorzuziehen, unser Leben und alle unsere Handlungen seiner Herrlichkeit zu widmen und mit seiner Hilfe gelingen zu lassen.

II. Wir streben danach, den hochheiligen Namen Gottes durch keine Lästerung herauszufordern, nicht durch Murren uns ihm zu entfremden, nicht leichtsinnig ihn zu schänden, aus Faulheit nicht zu vernachlässigen und die heiligsten Geheimnisse unseres Heils ehrfürchtig hochzuhalten.

III. Wir streben danach, für unseren Gott Muße zu haben und der Unrast des Fleisches zu entsagen, der Dreieinigkeit ein stilles Heiligtum, dem Nächsten eine reine Wohnung und der Kreatur Erholsamkeit zu bieten und uns einzig dem göttlichen Wort zu widmen.

IV. Wir streben danach, den Eltern Liebe zu erweisen und zu erhalten, den Oberen Ehre, den Gleichen Achtung, den uns Anvertrauten Bescheidenheit, dem Staat Arbeit, der Nachkommenschaft das gute Beispiel, und in wechselseitigem Dienen die Aufgaben der christlichen Nächstenliebe zu erfüllen.

V. Wir streben danach, unseren Zorn zu bändigen, die hitzige Ungeduld abzukühlen, den Wert des Menschenbluts zu achten, die Rache zu vergessen, den Neid zu verabscheuen und sorgfältig dem mildesten Herzen Christi nachzueifern.

VI. Wir streben danach, die Unschuld der Jugend, die Unberührtheit der Jungfrau, die Keuschheit der Ehe und die unbefleckte Zucht des Witwenstandes zu beschützen und durch Mäßigung und Fasten des Fleisches Üppigkeit und Schwelgerei zu zähmen.

VII. Wir streben danach, die uns von Gott anvertrauten Güter so sorgfältig und friedfertig wie möglich, angemessen und unter Danksagung zu genießen, ihre Verteilung so gerecht, ihre Verwendung so bescheiden und ihre Bewahrung so sicher wie möglich zu gestalten.

VIII. Wir streben danach, das Licht der Wahrheit, die Reinheit des Gewissens und die Unbeflecktheit des Zeugnisses recht und frei weiterzugeben, jederzeit und überall die Gegenwart Gottes zu verehren, die Unschuldigen zu beschützen und die Schuldigen auf den rechten Weg zu führen.

IX. Wir streben danach, niemandem zu nahe zu treten, Göttliches und Menschliches nicht miteinander zu vermischen, mit unserem Los zufrieden zu sein, unsere Häuser still zu bewohnen und die vergängliche Herberge dieser ganzen Welt zu verachten.

X. Wir streben danach, unsere Gemeinschaft so einzurichten, dass jedem das Seinige zugeteilt und erhalten werde und niemand sich des Eigentums eines anderen gelüsten lasse, sondern das seine wohl ordne oder zu Gottes Ruhm und dem öffentlichen Wohl opfere.

Das Buch endet mit einem Nachwort an den Leser: »Dies, mein christlicher Leser, ist es, was ich in jener heiligen Stadt Gottes gesehen und gehört zu haben glaube und gelernt zu haben ehrlich bekenne … Und schon wandle ich wieder unter euch, auf dass ihr, wenn euch dieser Staat, diese Verehrung Gottes, dieser Umgang der Menschen und diese Geistesbildung gefallen, in Gottes Namen mit mir recht bald, so ihr gut seid, dorthin geht.«

Andreae hat die einzige deutsche Utopie entworfen – eine lutherische, wie er betont. Ob die Katholiken in seinem »Christianopolis« auch ihren Platz hätten?

Christliche Lehre und christliches Leben gehören für Andreae zusammen, müssen übereinstimmen. Das ist sein Thema. Für ihn ist klar, dass die herrschenden Zustände nur zum Besseren verändert werden können, wenn die Gesellschaft nach christlichen Geboten lebt. Dass es auf der Welt schon zu seiner Zeit viele Menschen gab, die keine Christen waren, lässt Andreae außer Acht. Was mit ihnen geschehen sollte, bleibt offen.

Heute wird in fast allen Ländern der Welt zwischen Staat und Religion getrennt. Das Rechtssystem, das Erziehungswesen, die Familien-, die Innen- und Außenpolitik fußen nicht auf kirchlichen Vorschriften.

Trotzdem gibt es auch in unserer Zeit »Gottesstaaten« mit einem religiösen Oberhaupt an der Spitze; der Iran ist ein Beispiel. Andersgläubige erfahren dort Benachteiligungen und werden sogar verfolgt.

Andreae wollte einen Staat für Christen erschaffen unter strengem religiösem Regiment. Es sollten christliche Liebe, Mildtätigkeit und Gottesfurcht herrschen. Dass er auch schon zu seiner Zeit große Teile der Bevölkerung aus seiner Utopie ausschloss, zeigt, wie absolut sein Glaube in die lutherische Lehre war, die er über alles andere stellte.

Francis Bacon

Wissen ist Macht

Francis Bacon war ein Zeitgenosse von Tommaso Campanella und Johann Valentin Andreae, doch aus den Vorgängen in der Welt zog er teilweise andere Schlüsse als sie. Seine Herkunft aus allerbestem Hause und sein beruflicher Werdegang haben sicher dazu beigetragen, dass er manches anders sah und andere Prioritäten setzte als der italienische Dominikanermönch Campanella und der schwäbische Pfarrer Andreae.

Francis Bacon wurde am 22. Januar 1561 in London geboren. Sein Vater, Sir Nicholas Bacon, war Lordsiegelbewahrer unter Königin Elisabeth I. und damit der höchste Jurist in England. Seine Mutter Anne Cooke Bacon beherrschte fünf Sprachen und galt als eine der gebildetsten Frauen ihrer Zeit. Sie war Anhängerin der reformierten puritanischen Kirche.

Bacon war ein schwächlicher und oft kränkelnder Junge. Bis zu seinem zwölften Lebensjahr wurde er zu Hause von seiner Mutter unterrichtet. Danach besuchte er zusammen mit seinem älteren Bruder Anthony das Trinity College in Cambridge. Auch hier wurde sein Lerneifer durch zahlreiche Krankheiten gehemmt. Das wichtigste Ergebnis dieses Studiums war die Ablehnung der herrschenden aristotelischen Philosophie, weil Bacon sowohl ihre Methoden als auch ihre Ergebnisse für fehlerhaft hielt. Seiner Meinung nach brauchte die Philosophie neue Ziele und die richtigen Methoden, um diese Ziele zu erreichen. Mit dieser Idee im Kopf wechselte Bacon auf die

Universität »Gray Inn«. Doch schon nach wenigen Monaten brach er das Studium dort ab, um Sir Amias Paulet, den englischen Botschafter in Frankreich, nach Paris zu begleiten, wo er später sein Studium fortsetzte.

Im März 1579 machte der plötzliche Tod des Vaters die Rückkehr nach England notwendig. Weil das Erbe bescheidener ausfiel, als zu erwarten gewesen wäre, sah sich Francis Bacon gezwungen, nun zielstrebiger zu studieren, um möglichst bald auf eigenen Füßen zu stehen. Im Gray Inn schloss er sein Studium der Rechte und der Philosophie erfolgreich ab und erhielt im Juni 1582 die Zulassung zum Rechtsanwalt. Doch dieser Beruf füllte ihn nicht aus. Auch dass er schon bald zum Dozenten aufstieg, genügte dem begabten und ehrgeizigen jungen Mann nicht. Francis Bacon strebte in die Nähe der Mächtigen. Er glaubte, als Sohn des ehemaligen Lordsiegelbewahrers und Neffe des königlichen Schatzmeisters sei der Weg an den Hof der Königin für ihn geebnet. Aber sein Versuch, in den königlichen Dienst aufgenommen zu werden, scheiterte. Angetrieben vom Wunsch nach Macht, gab Bacon nicht auf und schlug einen neuen Weg ein: Bereits 1584 schaffte er den Sprung als Abgeordneter ins englische Parlament. Dort wurde er dank seiner Intelligenz und seiner rhetorischen Fähigkeiten innerhalb kurzer Zeit zu einem der wichtigsten Redner. Doch um seine Vorstellungen verwirklichen zu können, musste Bacon ins Umfeld der Königin gelangen. Das versuchte er über den Earl of Essex, der direkten Zugang zu Elisabeth I. hatte. Bacon gelang es, persönlicher Berater des Earl zu werden, und dieser setzte sich tatsächlich für ihn ein. Aber schon bald wurde sein politischer Aufstieg gestoppt: 1593 wollte die Regierung Geld für den Krieg gegen Spanien vom Staat einfordern, Bacon stimmte im Parlament dagegen und bekam die ganze Wut der Königin zu spüren. Während ihrer weiteren Regentschaft musste er sich mit untergeordneten Tätigkeiten in der Justiz begnügen. In dieser Zeit verfasste er einige literarische und wissenschaftliche Schriften. Dabei beschäftigte er sich auch wieder mit seinem alten Thema, für die Philosophie neue Ziele und die richtigen Methoden zu finden. Bacon vertrat die Auffassung, Philosophen dürften nicht von abstrakten Theorien ausgehen, um die Welt zu erklären. Vielmehr müsse die Erfahrung als Ausgangspunkt für jede Erkenntnis dienen. Er schlug dabei vor, aus der Sammlung einzelner Beobachtungen und Fakten allgemeine Aussagen über die Welt zu erzielen. Damit wurde er zum Begründer des sogenannten Empirismus.

Im März 1603 starb die Königin, und Jakob I. folgte ihr auf den Thron. Unter dem neuen König gelang Francis Bacon ein politisches Comeback. Amt für Amt stieg er die Karriereleiter hoch, bis er 1617 – wie sein Vater – Lordsiegelbewahrer wurde und ein Jahr später sogar Lordkanzler. Damit war er nach dem König der mächtigste Mann im Land. Im selben Jahr adelte ihn Jacob I. zum Baron von Verulam.

So steil wie sein Aufstieg war auch sein Absturz. Im Jahre 1621 wurde Bacon wegen Korruption angeklagt; er hatte mehrfach Geldgeschenke angenommen. Man verurteilte ihn zu einer hohen Geldstrafe und zu Gefängnis. Wie lange er im Tower sitzen musste, sollte der König entscheiden. Zwar war Jacob I. gnädig und begnadigte ihn bald, doch wurde Bacon vom königlichen Hof und vom Parlament verbannt und durfte zeitlebens kein Amt im Staat mehr übernehmen.

Er war jetzt sechzig Jahre alt. Der Verlust sämtlicher Ämter brachte es allerdings mit sich, dass er wieder mehr Zeit für seine literarische und wissenschaftliche Arbeit hatte. Im März 1626 wollte er durch ein Experiment überprüfen, ob Fleisch durch Kälte nicht besser konserviert werden könne als durch Salz. Dabei holte er sich eine schwere Erkältung. An deren Folgen starb er am 9. April in London.

Zu den Schriften aus den letzten fünf Jahren seines Lebens gehört auch die Utopie *Neu-Atlantis*. Durch seinen überraschenden Tod blieb sie ein Fragment. In einem Vorwort an den Leser schreibt der Herausgeber: Francis Bacon »wollte in dieser Geschichte auch der

Gesetzgebung und der besten Staatsverfassung einen besonderen Abschnitt widmen«. Aber dazu kam es dann nicht mehr.

Wie seine utopischen Vorgänger beginnt Bacon seinen romanhaften Bericht mit einer Schiffsreise. Der Ich-Erzähler schildert, dass 51 Männer von Peru aus in Richtung Japan und China segelten. Wegen ungünstiger Winde kamen sie viel langsamer als geplant voran. »Ohne Lebensmittel, von einer Wasserwüste rings umgeben, hielten wir uns für verloren und erwarteten den Tod.« Ihre letzte Hoffnung war, dass es in diesem Teil der Südsee »möglicherweise noch unentdeckte Inseln und Länder« geben könnte. Und tatsächlich sehen sie eines Morgens Land. »Nach anderthalbstündiger Fahrt landeten wir in einem guten Hafen, im Hafen einer nicht gerade großen, aber schön gebauten Stadt, die von der Seeseite her einen angenehmen Anblick bot.« Doch den Seefahrern wird signalisiert, dass sie nicht an Land gehen dürfen. Ein Mann kommt an Bord und übergibt ihnen eine Schriftrolle, auf der in althebräischer, altgriechischer, lateinischer und spanischer Sprache steht: »Geht nicht an Land, auch nicht ein einziger von Euch! Verlasst möglichst bald – innerhalb von sechzehn Tagen – diese Küste, falls Euch nicht die Erlaubnis zu längerem Aufenthalt erteilt wird. Wenn Ihr inzwischen Trinkwasser braucht oder Lebensmittel oder ärztliche Hilfe, oder wenn Euer Schiff ausgebessert werden muss, so schreibt Eure Wünsche auf. Wir aber werden Euch das geben, was die Barmherzigkeit gebietet.«

Die Seefahrer sind verwirrt: Nicht an Land gehen zu dürfen, betrübt sie sehr, zumal einige von ihnen krank sind; andererseits sind sie froh, dass das fremde Volk ihre Sprache versteht und freundlich zu sein scheint. Sie äußern schriftlich ihre Wünsche und weisen auf ihre Kranken hin, von denen einige in Lebensgefahr schweben. Drei Stunden später nähert sich ihrem Schiff »ein Mann, anscheinend von hohem Rang«, in einem vergoldeten Boot und will wissen, ob sie Christen sind, was sie bejahen. Dann müssen sie schwören, dass sie keine Seeräuber sind und kein Menschenblut vergossen haben. Erst nach dem Schwur dürfen sie an Land und werden von einem Beamten in das »Fremdenhaus« geführt. Dort bekommen sie alles, was sie brauchen. »Ihr werdet in keiner Hinsicht Mangel leiden«, verspricht ihnen der Beamte. »Sechs Diener sind außerdem angewiesen, euch aufzuwarten und eure Aufträge auszuführen.«

Als sie ihm zwanzig Goldstücke anbieten, lehnt der Mann ab, weil er für seine Arbeit vom Staat bezahlt werde. Einen Beamten, der Geschenke annehme, nenne man einen »Doppeltbezahlten«, und er wolle kein »Doppeltbezahlter« sein (Francis Bacon macht sich auf diese Weise über sein eigenes Fehlverhalten lustig).

Die Seefahrer zeigen sich als gute Christenmenschen und erfahren nach und nach vieles über die Insel Neu-Atlantis, die in der Sprache der Bewohner Bensalem heißt.

Zuerst erzählt ihnen ein Priester ausführlich, wie das Christentum auf die abgelegene, unbekannte Insel gekommen ist: Etwa zwanzig Jahre nach der Himmelfahrt Jesu erblickten Bewohner nachts über dem Wasser eine hohe Lichtsäule mit einem großen Lichtkreuz auf der Spitze. Die Menschen strömten in Scharen herbei und starrten aufs Meer hinaus, denn so etwas hatten sie noch nie gesehen. Nach einiger Zeit »lösten sich Säule und Lichterkreuz auf, und alles verwandelte sich in einen Himmel voller Sterne, die aber auch bald verschwanden«. Plötzlich entdeckten die Männer eine kleine Kiste und fischten sie aus dem Wasser. Da öffnete sie sich von selbst. Im Innern lagen ein Buch und ein Brief. Das Buch enthielt die Schriften des Alten und des Neuen Testaments. In dem Brief stand: »Ich, Bartholomäus, der Diener des Höchsten und der Apostel Jesu Christi, bin von einem Engel, der mir in strahlendem Glanze erschien, beauftragt worden, diese Kiste den Fluten des Meeres anzuvertrauen. Und dem Volke, bei dem nach Gottes Willen diese Kiste landet, verkünde ich die Verheißung, dass ihm am gleichen Tage der Segen und der Friede und die Liebe des Vaters und des Herrn Jesus zuteilwerden sollen.«

Obwohl damals auf der Insel nur Eingeborene, Hebräer, Perser und Inder lebten, hätten alle den Brief und das Buch lesen können, als wären beide in der Muttersprache eines jeden geschrieben gewesen. Es war ein Wunder, und die Menschen von Bensalem sahen sich nun als ein von Gott auserwähltes Volk. Selbstverständlich lebten sie fortan nach den Geboten Gottes.

Am nächsten Tag erzählt der Priester, wie es möglich ist, dass die Inselbewohner sehr genau über andere Völker der Erde Bescheid wissen, sogar deren Sprachen und Gebräuche kennen, während sie selbst »verborgen und unsichtbar bleiben«: Vor dreitausend Jahren, so erfahren die Reisenden, gab es auf der Erde einen viel umfangreicheren Schiffsverkehr als heutzutage. Damals fuhren die Schiffe bis nach China im Osten und Alt-Atlantis (»von euch Amerika genannt«) im Westen. Durch Überschwemmungen, andere Naturkatastrophen und durch Kriege ging die Schifffahrt in den folgenden tausend Jahren in allen Ländern zurück. Nur noch ganz selten landete jemand auf der Insel. Hier regierte vor neunzehnhundert Jahren ein König namens Solamona. Er war ein guter König und hatte nur das Wohl seines Volkes im Sinn. Unter ihm gab es »eine glückliche Blütezeit«. Um diesen Zustand möglichst lange zu erhalten, ordnete der König an, keine Fremden mehr ins Land zu lassen, weil er fürchtete, die guten Verhältnisse würden »sich tausendmal eher verschlechtern als verbessern«.

Von den vielen guten Taten des Königs hebt der Priester eine besonders hervor: die Gründung des »Hauses Salomons«, das es nach wie vor gäbe. »Dieses Haus ist der Betrachtung und Erforschung der Werke und Geschöpfe Gottes … und der wahren Natur aller Dinge geweiht.« Hier sollen Erkenntnisse über die »Ursachen und Bewegungen sowie die verborgenen Kräfte in der Natur und die Erweiterung der menschlichen Herrschaft bis an die Grenzen des überhaupt Möglichen« gewonnen werden. Beim Haus Salomons handelt es sich also um eine Art Universität. Und damit ist Francis Bacon bei seinem Hauptthema: den Wissenschaften. Sie nehmen in seinem Idealstaat den höchsten Stellenwert ein. Die Väter des Hauses Salomons repräsentieren auf der Insel Neu-Atlantis das oberste Wissenschaftsgremium; es ist unabhängig von politischen Gremien und auch vom König. Bacon nennt es »das Auge dieses Reiches«. Man könnte noch hinzufügen: die Ohren und vor allem das Gehirn dieses Reiches. Denn die Väter des Hauses Salomons entscheiden, »was von unseren Erfindungen und Versuchsergebnissen zu veröffentlichen angebracht ist, was dagegen nicht. Ja, wir verpflichten uns sogar, das geheim zu halten, was wir geheim zu halten beschlossen haben. Wenn wir auch einiges davon mit allgemeiner Zustimmung zuweilen dem König oder dem Senat enthüllen, so halten wir anderes doch völlig innerhalb unserer Gemeinschaft«.

»Wissen ist Macht«, lautet Bacons berühmter Satz. Danach haben die Väter des Hauses Salomons die Macht in Neu-Atlantis.

Über den Aufbau des Staates und die politischen Institutionen erfahren wir durch den fragmentarischen Charakter der Schrift nur Bruchstücke. Seit jener große König Solamona vor neunzehnhundert Jahren dem Land »für alle Zeiten« Gesetze gab, ist Neu-Atlantis eine Monarchie. Es gibt auch einen Senat und Stadtvorsteher. Doch wie sie in ihre Ämter kommen und welche Kompetenzen sie haben, bleibt unklar. Dennoch sind zwei Grundprinzipien der Herrschaftsstruktur erkennbar: Die politische Willensbildung geht nicht den Weg von unten nach oben; das arbeitende Volk hat kein Mitsprache- und auch kein Wahlrecht. Das eigentliche Machtzentrum ist das Haus Salomon. Waren es in Platons Idealstaat die Philosophen, die »das Richtige und Gerechte« erkannten und zum Wohle des Volkes durchsetzten, so sind es bei Bacon die Naturwissenschaftler. Und wie jene können auch diese von keiner Institution und schon gar nicht vom Volk kontrolliert werden, weil niemand über das dafür notwendige Wissen verfügt.

Mehr als über die Institutionen des Staates erfahren wir über das gesellschaftliche Leben. Eines Tages werden zwei Seefahrer zu einem »Familienfest« eingeladen, das vom Ich-Erzähler ausführlich geschildert wird. Nach einem Gesetz des Landes wird dieses Fest auf Staatskosten gefeiert, wenn ein Familienoberhaupt, der sogenannte Tirsanus, dreißig lebende Nachkommen hat, die alle das dritte Lebensjahr überschritten haben. Während der zwei Tage wird nicht nur gefeiert; der Familienvater regelt während des Festes auch sämtliche Familienangelegenheiten. Er entscheidet in Streitfällen, legt fest, wie in Not geratenen Familienmitgliedern geholfen wird, und verhängt Strafen gegen diejenigen, die einem »Laster verfallen sind oder ein nichtsnutziges und faules Leben führen«. Auch bei Eheschließungen ist sein Wort von großer Bedeutung. Damit seine Entscheidungen einen offiziellen Charakter erhalten, ist beim Familienfest immer das Stadtoberhaupt dabei, ein Mann, der »die Beschlüsse und Anordnungen des Tirsanus, falls etwa einer aus der Familie nicht gehorchen will, durch seine Amtsgewalt unterstützt und ihre Ausführung durchsetzt«. Das ist allerdings nur selten notwendig, weil diese »natürliche Ordnung« von den allermeisten geachtet wird.

Nachdem die Seefahrer nun wissen, dass die patriarchalische Familie das Fundament des Staates ist, fragen sie nach den Ehegesetzen. Seit König Solamona die Insel von der Außenwelt abgeschottet hat, um die »Sittenverwirrung« zu stoppen, gibt es »unter der Sonne kaum noch ein so keusches Volk wie das von Bensalem und keins, das so rein von jedem Schmutz und jeder Befleckung ist«.

Bacon geht in diesem Zusammenhang auch auf Thomas Morus' Vorschlag ein, dass sich zwei Menschen nackt sehen sollen, bevor sie heiraten. In Neu-Atlantis lehnt man das ab. Die Bewohner »halten es nämlich für eine Schande, wenn einer nach einer so vertrauten Kenntnisnahme abgewiesen wird.« Weil aber auch sie »die Katze nicht im Sack kaufen« wollen, haben sie sich ein anderes Verfahren ausgedacht, damit »geheime Fehler an Männern und Frauen« nicht verborgen bleiben: »In der Nähe jeder Stadt gibt es zwei Teiche, die sie die Teiche Adams und Evas nennen, wo es einem von den Freunden des Mannes und ebenso einer von den Freundinnen der Frau erlaubt ist, diese allein im Bade zu betrachten.«

Wenn die »Besichtigung« positiv ausfällt und die Eltern und der Tirsanus nichts einzuwenden haben, wird die Ehe auf Lebenszeit ge-

Francis Bacon hat sein utopisches Fragment »Neu-Atlantis« genannt. Vom alten sagenhaften Atlantis kann man unter anderem bei Platon lesen. Angeblich existierte es vor rund 12 000 Jahren und war ein blühendes Gemeinwesen mit einem großen Wohlstand. Der Legende nach soll das Inselreich an einem einzigen Tag untergegangen sein.

Mithilfe der Wissenschaften soll nun ein neues, ebenso sagenhaftes Atlantis entstehen. Dass Bacon die Wissenschaft dabei über die Religion stellt, ist für die damalige Zeit revolutionär. Sein Fortschrittsoptimismus scheint keine Grenzen zu kennen, und den Wissenschaftlern will er keine Grenzen setzen. Dass Wissen auch missbraucht werden könnte, ist für ihn kein Thema.

Tatsächlich haben die Wissenschaften unser Leben in hohem Maße erleichtert. Die gesamte Industrialisierung wäre ohne sie nicht denkbar. Ein Leben ohne Strom, Autos, Waschmaschine, Telefon, Computer können wir uns heute nicht vorstellen.

Trotzdem wissen wir, dass der technologische Fortschritt seine Schattenseiten hat; er führt nicht automatisch zu einer Verbesserung der sozialen und politischen Verhältnisse. Auch gibt es wichtige Fragen – zum Beispiel im Bereich der Genetik –, die man nicht allein den Wissenschaftlern überlassen kann. Dafür sind moralische Maßstäbe und Grenzen nötig, die in einer Gesellschaft in freier, öffentlicher Diskussion gefunden und festgelegt werden müssen.

Louis-Sebastien Mercier

In Zukunft müssen wir zurück zur Natur!

Als Louis-Sebastien Mercier am 6. Juni 1740 in Paris geboren wurde, regierte in Frankreich Ludwig XV. Dessen Vorgänger war der sogenannte »Sonnenkönig«, von dem der berühmte Satz stammt: »L'État, c'est moi«, »Der Staat bin ich!« Er hatte ein Land hinterlassen, das nach außen zwar noch immer glänzte, im Innern aber mit umso größeren Problemen kämpfte. Die Staatsfinanzen waren zerrüttet, Frankreichs Vormachtstellung in Europa war im Schwinden und das Volk lebte in elenden Verhältnissen. An der Verschwendungssucht der Herrschenden änderte sich trotzdem nichts. Auch Ludwig XV. führte mit seinem riesigen Hofstaat noch ein prunkvolles Leben im Luxus, und wenn das Geld dafür nicht mehr reichte, erhöhte man eben die Steuern. Das einfache Volk, das in primitivsten Verhältnissen lebte, wurde bis zum Letzten ausgepresst.

Weil die Situation in anderen europäischen Ländern ähnlich war, wanderten im 18. Jahrhundert Zehntausende Europäer nach Amerika aus. Die einen machten sich auf die lange und gefährliche Reise, um der Armut zu entfliehen; für andere waren ihre politischen Anschauungen ausschlaggebend; viele verließen ihre Heimat auch, weil sie wegen ihres Glaubens verfolgt oder diskriminiert wurden. Gemeinsam war allen, dass sie sich in der Neuen Welt ein besseres Leben erhofften.

In Europa setzten sich andere dafür ein, dass sich die Zustände änderten. Zu ihnen gehörten die sogenannten Aufklärer. Sie kämpften mit ihren Schriften dafür, dass sich das Denken zunehmend vom Glauben und Aberglauben befreite. Alle bis dahin gültigen Ansichten über Religion, Staat, Gesellschaft und Wirtschaft wurden kritisch hinterfragt und dem strengen Urteil des Verstandes unterzogen. Die Menschen sollten den alten Autoritäten nicht mehr bedingungslos glauben und sich von ihnen bevormunden lassen, sondern selbstständig und vernünftig, das heißt »aufgeklärt« handeln.

»Habe Mut, dich deines eigenen Verstandes zu bedienen!, ist der Wahlspruch der Aufklärung«, verkündete der deutsche Philosoph Immanuel Kant.

Die Aufklärer sprachen von einer natürlichen Gleichheit der Menschen und davon, dass jeder Mensch Rechte und eine Würde habe, die ihm niemand nehmen dürfe, auch nicht der Kaiser.

Doch die Wirklichkeit sah anders aus. »Der Mensch wird frei geboren, und überall ist er in Ketten«, schrieb Jean-Jacques Rousseau, der Genfer Pädagoge und Philosoph. Diese Ketten wollten er und die anderen Aufklärer sprengen. Die frei geborenen Menschen sollten sich frei in Gemeinschaften zusammenschließen, die ihre natürlichen Rechte schützten. Sie sollten Verträge schließen, in denen die Rechte und Pflichten der Regierten und der Regierenden gleichermaßen festgelegt wurden. Damit niemand im Staat zu mächtig werden könnte, sollte die Macht geteilt werden: Die einen sollten Gesetze beschließen, die anderen sie ausführen. Wieder andere sollten darauf achten, dass dabei alles mit rechten Dingen zugeht.

Nach diesem Denken sind die Herrscher also nicht von Gott, sondern vom Volk eingesetzt. Ihre Aufgabe ist es, die Würde des Menschen zu achten, seine Freiheit zu schützen, sein Wohlergehen und sein Glück zu fördern. Hält sich ein Herrscher nicht an den Vertrag mit seinem Volk und missbraucht das in ihn gesetzte Vertrauen, kann das Volk ihn absetzen.

Diese neuen, revolutionären Gedanken faszinierten auch den jungen Louis-Sebastien Mercier (1740 – 1814). Er stammte aus einer Kaufmannsfamilie, die zwar nicht reich, aber wirtschaftlich so gesichert war, dass er eine gute Schulbildung erhalten konnte. Der junge Mercier las Rousseaus Bücher »Der Gesellschaftsvertrag« und »Emile oder Über die Erziehung« und wurde zu einem glühenden Verehrer des Genfer Philosophen. Der Wunsch, selbst zu schreiben, wuchs in ihm. Doch nach dem Ende seiner Ausbildung galt es zunächst, sich mit einem Brotberuf den Lebensunterhalt zu verdienen. 1763 trat Mercier eine Stelle als Rhetoriklehrer in Bordeaux an. Aber schon zwei Jahre später kündigte er und zog zurück nach Paris, weil er sich ganz dem Schreiben widmen wollte. Das tat er auch, und wie! Von nun an ging es Schlag auf Schlag, und bald hatte er unzählige Texte verfasst. Als Anhänger der Aufklärung setzte er sich in seinen Schriften von Anfang an kritisch mit dem absolutistischen Frankreich auseinander. Schon früh war ihm die Idee gekommen, in einem Roman ein besseres Frankreich, ja eine bessere Welt zu entwerfen. Dafür entwickelte er eine neue Form der Utopie. Während bis dahin alle utopischen Werke den besten Staat auf einer neu entdeckten Insel oder einem bisher unbekannten Land angesiedelt hatten, verlegte Mercier seinen Staat in die Zukunft. Damit wurde er zum Begründer des utopischen Zukunftsromans, was manche dazu veranlasste, von der »kopernikanischen Wende« in der Geschichte der Utopien zu sprechen. Vor Mercier wurden alle utopischen Staaten als bereits vollkommen geschildert; Veränderungen waren nicht nötig und nicht erwünscht. Dagegen vertrat Mercier die Auffassung, ein idealer Staat dürfe nicht statisch, sondern müsse dynamisch sein. Weil es für den menschlichen Geist keine Grenzen gäbe, dürfe es die auch für die Organisation eines Staates nicht geben; die Menschen müssten ständig an seiner Verbesserung arbeiten.

Im Jahr 1771 erschien sein Roman »Das Jahr 2440 – Ein Traum aller Träume«. In der Einleitung und in einem fiktiven Gespräch mit einem »alten Engländer« heißt es unter anderem: »Der Geist meines Jahrhunderts drückt und umgibt mich; die Fühllosigkeit herrscht; die Ruhe meines Vaterlandes gleicht der Stille in Gräbern«. Schuld daran seien die schlechten Könige, der Adel und die Geistlichkeit.

Sie lebten wie Parasiten und zerstörten so schließlich das Gemeinwesen. Paris ist für Mercier ein »hässliches Ungeheuer … Welch ein Wunder, dass dieser gefräßige Körper, der sich selbst in jedem Teil aufzehrt, sich in seiner abscheulichen Ungleichheit noch erhalten kann … An diesem Ort, wo alles im Überfluss ist, sehe ich Unglückliche verhungern. Mitten unter so vielen weisen Gesetzen begeht man Verbrechen. Unter so vielen Vorkehrungen der Polizei ist doch alles in Unordnung.« Dazu kommen die Oberflächlichkeit des kulturellen Lebens, die wechselnden Moden und die Sucht nach Vergnügungen aller Art, die den wahren Genuss unmöglich machen.

Aus all dem zieht der Engländer im Roman folgenden Schluss: »Paris ist mir so sehr zum Ekel geworden wie London. Alle großen Städte sind einander gleich, Rousseau hat es sehr wohl gesagt … Ich werde irgendwo ein Dorf aufsuchen«, um »in reiner Luft und bei stillen Freunden« ein natürliches Leben zu leben.

Doch die »abscheuliche Ungleichheit« regiert auch auf dem Land. Für den Ich-Erzähler gibt es kein schrecklicheres, niederdrückenderes Leben als das eines Ackerbauern. »War nicht jedes Sklavendasein diesem ewigen Kampf gegen niederträchtige Tyrannen vorzuziehen, die ihre Hütten plündern ließen, indem sie der bittersten Armut noch Abgaben auferlegten!« Verachtet, gedemütigt und ausgebeutet sei der Bauer »schließlich von seinem Ochsen nicht mehr zu unterscheiden«.

Nach dieser fundamentalen Kritik an den herrschenden Zuständen beendet Mercier das Gespräch zwischen dem Engländer und dem Ich-Erzähler. Der Ich-Erzähler schläft ein und träumt von einer großen und vielverheißenden Zukunft. Im Traum sieht er das neue Paris. »Alles war verändert. Alle die Stadtviertel, die mir so bekannt waren, stellten sich mir in einer anderen und erst vor Kurzem verschönerten Gestalt vor. Ich verlor mich in großen und schönen Straßen, die schnurgerade liefen. Ich kam an weite Kreuzungen, wo eine so schöne Ordnung herrschte, dass ich auch nicht die kleinste Verwirrung bemerkte.« Für die größte Verwirrung sorgt unterdessen er selbst. Passanten bleiben stehen, und einer fragt ihn, wozu er sich so verkleidet habe.

» ›Wie?‹, antwortete ich ihm. ›Ich habe mich nicht verkleidet; ich trage noch die gleichen Kleider, die ich gestern trug.‹ «

Der Mann schaut ihn an, als zweifle er an seinem Verstand. Dann will er wissen, wann der komische Alte geboren sei.

» ›1740‹, antwortete ich ihm.

›Nun wohl, nach dieser Rechnung seid Ihr gerade siebenhundert Jahre alt.‹ « Der Mann erklärt dem Ich-Erzähler, man befinde sich im Jahr 2440, und bietet ihm an, ihn durch die Stadt zu führen. Aber zuerst müsse der andere sich neu einkleiden. Weil der Neuankömmling kein gültiges Geld hat, bezahlt der Mann für ihn.

Beim Gang durch die Stadt fällt dem Ich-Erzähler auf, dass »in den Straßen so viel Reinlichkeit und so wenig Verwirrung« ist, und nimmt es als untrüglichen Hinweis auf eine gute, harmonische Ordnung.

Dann staunt er über die Kleidung der Leute: »Ich sehe, dass jedermann auf eine simple und bescheidene Art gekleidet ist, und seit wir auf der Straße sind, habe ich noch kein einziges goldbesetztes Kleid gesehen.«

Sein Begleiter erklärt ihm, dass im Paris des Jahres 2440 kein Wert auf solche Äußerlichkeiten gelegt wird. »Unser Blick hält sich nicht mehr an der Oberfläche auf. Wenn ein Mensch dadurch bekannt geworden ist, dass er sich in seiner Tätigkeit hervorgetan hat, so braucht er kein prächtiges Kleid noch kostbare Möblierung, um sein Verdienst geltend zu machen.« Zwar gibt es Unterschiede zwischen den Menschen, weil sie verschieden begabt sind und unterschiedliche Fähigkeiten haben; doch jeder muss sich seine Stellung in der Gesellschaft erarbeiten. Hohe Stellungen sind »weder erblich noch käuflich. Mit dem einundzwanzigsten Lebensjahr begibt sich der Sohn aus berühmter Familie vor ein Gericht, das entscheidet, ob er die Vorrechte seines Vaters genießen solle«. War sein bisheriges Verhalten nicht tadellos, bekommt er die Vorrechte nicht und muss als einfacher Bürger leben.

Der Ich-Erzähler kann kaum glauben, was er da hört, und hält die Zustände im neuen Paris für einen großen Fortschritt in der Geschichte.

Mercier lässt die Hauptfigur und ihren Begleiter an wichtigen Plätzen und Gebäuden vorbeigehen, um sie dann bestimmte Fragen über Staat und Gesellschaft erörtern zu lassen. Unter anderem kommen sie zu dem Platz, auf dem einst die Bastille gestanden hatte, das berüchtigte Staatsgefängnis, das beim Volk als Symbol der Tyrannei verhasst gewesen war. Mit großer Genugtuung sieht der Ich-Erzähler, dass »dieses abscheuliche Gebäude« bis auf die Grundmauern abgerissen wurde. An seiner Stelle steht »ein der Gnade geweihter Tempel«.

Im neuen Paris gilt der Grundsatz, dass kein Bürger in einem Gefängnis verschwinden darf, ohne dass es ein faires öffentliches Gerichtsverfahren gegeben hat. Jeder Beschuldigte darf sich vor Gericht von einem Rechtsanwalt verteidigen lassen. Der hat allerdings nicht das Ziel, durch juristische Spitzfindigkeiten und langatmige Reden eine möglichst geringe Strafe für seinen Mandanten zu erreichen; vielmehr soll er mit dazu beitragen, die Wahrheit herauszufinden, damit ein gerechtes Urteil gefällt werden kann.

Unsere »neuen Gesetze gehen vor allem sparsam mit dem Blut der Menschen um«, sagt der einheimische Führer. »Sie haben alle mehr die Besserung zum Ziele als die Bestrafung.« (Damit formuliert Mercier den Grundgedanken der Resozialisierung, die erst dreihundert Jahre nach ihm zur Leitlinie des modernen Strafrechts werden sollte.)

Doch manchmal wird auch die härteste Strafe verhängt; »so gibt es zum Beispiel keine Gnade für einen Minister, der das Vertrauen des Monarchen missbraucht und sich der Macht, die ihm anvertraut wurde, gegen das Volk bedient.«

Damit jeder Bürger die Gesetze kennt, muss er sie ab dem vierzehnten Lebensjahr lernen. »Jeder ist verpflichtet, sie eigenhändig abzuschreiben, und wir schwören alle einen Eid darauf, sie zu erfüllen.«

Es ist bestimmt kein Zufall, dass Mercier als ersten Grundpfeiler der neuen Ordnung die Rechtsstaatlichkeit nennt. Und es ist ebenso wenig ein Zufall, dass er anschließend auf die viel, viel später sogenannte »vierte Gewalt« eingeht: die Presse. »Die Freiheit der Presse ist das wahre Maß für die bürgerliche Freiheit. Man kann niemals die eine unterdrücken, ohne die andere zu zerstören.«

Der Ich-Erzähler wundert sich und fragt, ob es denn keine Zensur mehr gebe.

»Nein«, antwortet sein Begleiter. »Ihr könnt über alles schreiben, woran Ihr Anstoß nehmt; denn wir haben kein Sieb mehr noch eine Schere noch Handschellen … Die Regierung fürchtet keine kritischen Federn, ja, hätte sie Angst vor ihnen, würde sie sich selbst anklagen.«

Nachdem der Ich-Erzähler nun weiß, dass Rechtsstaatlichkeit und Pressefreiheit garantiert sind, fragt er, ob die Regierungsform »monarchisch, demokratisch oder aristokratisch« sei.

»Sie ist weder monarchisch noch demokratisch noch aristokratisch – sie ist vernünftig und für die Menschen gemacht.« Zwar gibt es noch einen König, aber der hat nicht mehr die ganze Macht. »Die gesetzgebende Gewalt wurde allein in die Hände der vereinigten Stände gelegt. Die Regierungsverwaltung wurde dem Senat übertragen … Der Senat ist dem König verantwortlich, König und Senat sind den Ständen rechenschaftspflichtig.«

Mercier orientiert sich bei der Verfassung des neuen Staates an der Gewaltenteilungslehre des französischen Philosophen Montesquieu: Die Macht ist so verteilt, dass kein Mensch und keine Institution zu viel davon hat. Nur im Einklang und in Absprache mit den anderen können die einzelnen Organe handeln. Es herrscht weder der König noch der Senat noch die Ständeversammlung; »es herrschen die Gesetze, und kein Mensch steht über ihnen.« Die Gesetze aber sind Ausdruck des Volkswillens, und weil das so ist, sind sie gut für die Menschen.

Die Auswahl der Amtsträger ist streng. Nur Männer, die sich durch Tugend, Intelligenz und Fleiß besonders ausgezeichnet haben und mindestens vierzig Jahre alt sind, kommen dafür in Betracht. Eine besonders harte und lange Schule muss der Thronfolger durchlaufen. Nach der Geburt wird er fern vom Hof wie ein einfaches Bürgerkind erzogen, ohne dass er etwas über seine wahre Herkunft und über seine zukünftige Rolle weiß. Man gewöhnt ihn an das einfache Leben, »man macht ihn mit allen Arten der Landarbeit, der Fertigung in den Manufakturen, den Produkten verschiedener Bereiche bekannt. Er sieht alles mit seinen eigenen Augen, er tritt in die Hütte der Landarbeiter, isst an ihrem Tisch, geht mit ihnen zur Arbeit und lernt so, sie zu achten«.

Erst im Alter von zwanzig Jahren wird er an den Hof gebracht und erfährt, dass er der Thronfolger ist. Danach wird er weitere zwei Jahre auf seine Aufgaben als König vorbereitet. Dabei wird ihm vor allem vermittelt, »dass die Könige aus keinem anderen Stoff gemacht sind als die übrigen Menschen; dass sie kein Haar mehr auf dem Kopf haben; dass sie einander gleich sind seit ihrer Ankunft auf dieser Welt, gleich in ihren Schwächen und gleich in den Augen Gottes, und dass die Wahl durch das Volk die einzige Grundlage ist, auf der seine Stellung beruht«.

Bevor er nicht alle Lektionen gelernt hat und nicht mindestens zweiundzwanzig Jahre alt ist, kann der Thronfolger »den Thron nicht besteigen; denn es ist gegen den gesunden Menschenverstand, einem Kinder-König unterworfen zu sein«. Und wenn er heiratet, holt er keine fremdländische Frau, sondern eine Bürgerstochter neben sich auf den Thron.

Von all dem ist der Ich-Erzähler angetan. Er findet es sehr weise eingerichtet und möchte nun noch mehr über die Arbeitswelt und das Wirtschaftsleben im neuen Paris erfahren.

Wichtigster Sektor ist die Landwirtschaft. »Der Ackerbau ist hier ein Beruf, der von fast allen Bürgern ausgeübt wird«, erzählt der Begleiter. Allerdings müssen sie sich nicht mehr plagen wie in früheren Zeiten; durch bessere Geräte wurde die Arbeit auf den Feldern erleichtert und verkürzt. »Da wir nicht mehr jene ungeheure Menge Müßiggänger haben … weder Mönche noch Pfaffen noch zahllose Dienstboten und unnütze Knechte noch Hersteller kindischer Luxusartikel«, bringen »einige wenige Arbeitsstunden« bereits weit mehr ein, als der öffentliche Bedarf erfordert. Die Überschüsse werden ins Ausland verkauft, »und wir beziehen dafür zusätzliche Lebensmittel«.

Das klinge alles sehr schön, wendet der Ich-Erzähler ein. Aber auch im Jahre 2440 »werdet Ihr doch Steuern zahlen müssen, denke ich?«.

Statt ihm eine Antwort zu geben, führt ihn der Mann zu einer Art Briefkasten, der in Wirklichkeit ein großer Geldschrank ist. In den »müssen wir alljährlich den fünfzigsten Teil unseres Einkommens legen. Der Lohnarbeiter, der kein eigenes Vermögen besitzt, und derjenige, der nur hat, was er zum Leben braucht, ist von der Steuer befreit«.

» ›Aber ist das denn möglich!‹ «, fragt sich der Zeitreisende erstaunt. »›Man überlässt dem Volk die Steuer, die es zu zahlen hat, auf Treu und Glauben? Da muss es doch viele geben, die nichts bezahlen, ohne dass man es bemerkt?‹«

» ›Keineswegs, Eure Bedenken sind gegenstandslos‹ «, antwortet der Mann. Alle würden, was sie zu geben hätten, aus vollem Herzen geben. Denn die Bürger könnten darauf vertrauen, dass der Staat die Steuergelder zu ihrem Wohl verwende.

Aus all dem wird deutlich, dass in Merciers neuer Ordnung weder das Geld noch das Privateigentum abschafft ist. Anders als viele Utopisten vor ihm lehnt er das kommunistische Gemeineigentum ab. Dafür setzt er stark auf die soziale Verantwortung der Reichen. »Diejenigen, die Vermögen besitzen, wenden es für neue und nützliche Erfahrungen auf, die zur Ergründung einer Wissenschaft oder zur

Vervollkommnung einer Kunst dienen. Sie lassen prächtige Gebäude errichten und tun sich durch ehrenvolle Unternehmungen hervor.« Außerdem unterstützen sie mit ihrem Geld Menschen, die in Not geraten sind.

» ›Das ist ja unvergleichlich!‹, rief ich aus. ›Das nenne ich einen sinnvollen Gebrauch von seinen Reichtümern zu machen.‹ «

Das Wirtschaftsleben ist nicht nach kapitalistischen Grundsätzen organisiert; Ziel ist es nicht, möglichst hohe Gewinne zu erzielen, sondern die Bedürfnisse der Bürger zu befriedigen. Darauf achtet der Staat. Er sorgt zum Beispiel dafür, dass der Preis für Brot »nahezu immer auf der gleichen Höhe gehalten wird«. Das gilt ebenso für andere Grundnahrungsmittel. Der Staat kontrolliert auch den Außenhandel und verbietet die Einfuhr von »überflüssigen Dingen« wie Tabak, Kaffee, Schokolade, Likör. »Alles, was zur Bequemlichkeit, zu einem geruhsamen Leben, zur strikten Erfüllung der Absichten der Natur dient, wird mit der größten Sorgfalt betrieben. Alles, was zur Hoffart, zur Prachtentfaltung, Eitelkeit und zu jener kindischen Begierde gehört, eine Sache aus einer bloßen Laune heraus für sich haben zu wollen, ist aufs Strengste untersagt.«

Mercier beschäftigt sich auch mit den Fortschritten im naturwissenschaftlichen und technischen Bereich und lässt den Ich-Erzähler berichten: »Ich sah Maschinen jeder Art, gemacht, um die Arme des Menschen zu entlasten, und mit weit größeren Kräften ausgestattet, als wir sie gekannt haben.«

Doch er ist weit von dem Wissenschaftsoptimismus eines Francis Bacon entfernt und sieht neben den Vorteilen auch schon die Gefahren der modernen Technik. Für ihn ist der menschliche Geist (noch) nicht reif genug, »um gefahrlos von den seltensten oder energiereichsten Erfindungen Gebrauch zu machen«. Solche Erfindungen könnten missbraucht werden. Und er wird konkret: »Die Kanone ist in den Händen einer kleinen Zahl von Menschen; diese sind durch den Besitz der Kanone zu unbeschränkten Eigentümern unseres Daseins geworden, und sollten sie sich einmal unglücklicherweise zusammenschließen, was würde dann aus uns allen werden?«

Aber selbst wenn technische Erfindungen nicht missbraucht werden, sieht Mercier in ihnen eine Gefahr für den Menschen. Denn je mehr Technik ihn umgibt, desto mehr entfernt er sich von einer natürlichen Lebensweise. Doch nur diese entspricht dem Menschen. Merciers Staat von 2440 ist daher noch nicht einmal auf dem Weg zum Industriestaat. Schon bevor die Industrialisierung richtig begonnen hat, übernimmt er Rousseaus Motto »Zurück zur Natur!«.

Zu einer natürlichen Lebensweise gehört für Mercier auch, dass sie patriarchalisch geprägt ist. In Politik und Wirtschaft haben die Männer das Sagen, genauso wie in der Familie. Die Frauen werden zwar nicht mehr verheiratet, sondern sind »kraft unserer Gesetze in ihrer Wahl vollkommen frei«; aber wenn sie sich für einen Mann entschieden haben, kennen sie nur die natürlichen Pflichten, »die ihnen der Schöpfer auferlegt hat: Kinder zu gebären und denen ihre Muße zu versüßen, die mühsam für die Bedürfnisse des Lebens sorgen«. In einem Kapitel, das mit »Die Weiber« überschrieben ist, fasst der Begleiter das Verhältnis zwischen Mann und Frau für den Ich-Erzähler zusammen: »Jeder Mann ernährt die Frau, mit der er Kinder zeugt, und da diese alles von der Hand ihres Gatten erhält, so wird sie ihm desto mehr Treue bewahren und Gehorsam leisten: Da es sich dabei um ein allgemeines Gesetz handelt, fühlt niemand die Last. Die Weiber zeichnen sich durch nichts anderes aus als durch das, was von ihren Männern auf sie zurückfällt. Sie sind alle den Pflichten unterworfen, die ihnen ihr Geschlecht auferlegt, und so besteht ihre Ehre darin, deren strengen Gesetzen sich zu fügen, welche jedoch allein das Glück garantieren.«

Sollten zwei Menschen im Lauf der Zeit merken, dass sie nicht mehr zusammenpassen, kann die Ehe geschieden werden. »Wir sind nicht so unvernünftig, zwei Herzen, die sich voneinander entfernen, mit Gewalt zusammenzuzwingen.« Das kommt jedoch nur selten vor, denn »die Ehen sind bei uns glücklich«.

Zu den wichtigsten Aufgaben der Frau gehört die Erziehung der Kinder. Dabei hat sie vor allem darauf zu achten, dass deren Seelen nicht durch Taten oder Worte verletzt werden. Denn Ziel der Erziehung ist es, empfindsame Menschen heranzubilden, die Achtung vor Gottes Schöpfung haben. Was nutzt alles Wissen ohne diese Achtung, ohne Empfindung, ohne Gefühl? »Der Wunsch, universelles Wissen zu erreichen, war in Eurem Jahrhundert etwas absolut Lächerliches«, sagt der Begleiter. »Der menschliche Geist kann nur einen Gegenstand ganz beherrschen.« Deswegen werden Kinder und junge Leute nicht mit unnötigen Kenntnissen vollgestopft. Früher brachte man ihnen »eine Unzahl von Kenntnissen bei, die zum Glück des Lebens nicht das Geringste beitrugen. Wir haben nur das ausgewählt, was ihnen wahre und richtig überdachte Vorstellungen vermitteln kann«. Sie müssen zum Beispiel nicht mehr die »zwei toten Sprachen« Latein und Griechisch lernen. »Wir begnügen uns damit, ihnen die Muttersprache beizubringen.«

Das Fach Geschichte steht zwar auf dem Lehrplan, aber es »wird nur wenig gelehrt«. Was sollte man auch aus früheren Jahrhunderten lernen? Dass Menschen unter der Tyrannei wie Sklaven leben mussten? Dass ehrgeizige Fürsten in vielen Kriegen das Blut unzähliger Menschen vergossen haben und dafür auch noch gerühmt wurden? Das zu wissen, würde Kindern mehr schaden als nutzen.

Metaphysik wird nicht mehr unterrichtet, um die Köpfe der Kinder nicht mit falschen Vorstellungen von Gott und der Natur zu vernebeln. »Nur mithilfe der Physik, dieses Schlüssels zur Natur, dieser lebendigen und fasslichen Wissenschaft«, können die Kinder eine angemessene Vorstellung von Gott und der Welt entwickeln. »Einmal gründlich gelernt, befreit diese Wissenschaft von einer Unmenge von Irrtümern, und der ganze ungeheure Klumpen von Vorurteilen weicht dem reinen Licht, das sie über alle Gegenstände verbreitet.«

Wenn die Kinder herangewachsen sind, werden sie mit der Literatur vertraut gemacht, allerdings nur mit den Werken der Dichter, die von großen Taten erzählen, »die der Menschheit Ehre machen«. Alle

Werke, die diesem Anspruch nicht genügten, »die wir als seicht, nutzlos oder gefährlich erachteten«, wurden in einer großen Bücherverbrennung vernichtet.

Bei ihrem Gang durch Paris stehen der Ich-Erzähler und sein Begleiter schließlich vor einem großartigen Bauwerk, an dessen Giebel *Tempel Gottes* steht. Es kommt zu einem Gespräch über den Glauben und die Religion, bei dem der Einheimische unter anderem sagt: »Es ist mit der Religion wie mit dem Gesetz: Die einfachste ist die beste. Gott anbeten; seinen Nächsten lieben; auf jenes Gewissen hören, jenen Richter, der immer wacht und seinen Sitz in uns hat und niemals diese vom Himmel gesandte, innere Stimme ersticken – alles Übrige ist Betrug, Schurkerei und Lüge.«

Im Paris des Jahres 2440 gibt es keine Klöster mehr und keine Mönche, »die das schwachsinnige Gelübde taten, niemals Menschen zu sein«. Es gibt auch nur noch wenige Priester, und die maßen sich nicht an zu behaupten, »sie seien allein vom Geist Gottes erleuchtet«. Dazu sind sie viel zu »weise, aufgeklärt, tolerant«. Sie wollen ihre Mitmenschen nicht belehren, indem »sie zu jeder Stunde des Tages mit näselnder Stimme Gesänge, Psalmen und Hymnen daherbeten«; nein, unsere Priester zeigen durch »ihre beispielhafte Lebensführung den höchsten Grad der menschlichen Tugend an. Sie sind es, die die Betrübten trösten und den Elenden einen gütigen Gott zeigen, der über sie wacht und ihre Kämpfe beobachtet, um sie dereinst zu entgelten«.

Ob das heiße, dass sie an ein Leben nach dem Tod glauben, fragt der Ich-Erzähler.

»Wir glauben, dass unsere Seele von der Materie verschieden ist, dass sie von Natur aus mit Verstand begabt ist … Wir glauben ferner, dass alle Gestirne und alle Planeten bewohnt sind, aber dass nichts von dem, was man in dem einen sieht oder empfindet, sich auch in dem andern findet … Die menschliche Seele steigt zu all diesen Welten wie auf einer glänzenden Stufenleiter empor, die sie mit jedem Schritt der höchsten Vollkommenheit näher bringt.«

Was aus den bösen Menschen werde, möchte der Ich-Erzähler zum Schluss wissen.

»Es kommt unserer Schwachheit nicht zu, über die Art und Weise zu befinden, in der Gott sie strafen wird. Gleichwohl ist es sicher, dass der Gottlose die ganze Wucht seiner Gerechtigkeit fühlen wird.«

Bevor der Ich-Erzähler noch mehr Fragen stellen kann, beißt ihn eine Schlange in den Hals, »und ich erwachte davon«. Damit ist der Roman zu Ende.

Obwohl Louis-Sébastien Mercier seinen Roman rund 670 Jahre in die Zukunft verlegt, handelt es sich um die zeitnächste aller Utopien. Genau betrachtet entwirft er nicht eine ferne Welt, sondern eine reformierte Gegenwart. Wichtige Grundgedanken der Aufklärung sind darin verwirklicht: Die Unterschiede zwischen den Menschen sind zwar nicht beseitigt, aber die Güter werden gerechter verteilt. »Eigentum verpflichtet. Sein Gebrauch soll zugleich dem Wohle der Allgemeinheit dienen.« So steht es in unserem Grundgesetz, und so wird es in politischen Diskussionen regelmäßig angemahnt. Auch Reiche haben eine Verantwortung gegenüber dem Gemeinwohl, der sie sich nicht entziehen sollten. Ganz ähnlich hat es Mercier schon den Wohlhabenden seiner Zeit ins Stammbuch geschrieben.

Die Menschen können sich in seinem Paris der Zukunft frei entfalten und ein selbstbestimmtes Leben führen – jedenfalls die Männer. Für die Frauen ist das nur bedingt möglich.

Der einzelne Mensch ist nicht mehr Objekt, sondern Subjekt der Geschichte, das heißt, er gestaltet sie – und damit auch den neuen Staat. Denn für Mercier ist der Idealstaat nicht statisch, sondern dynamisch; er ist das Ziel, nach dem man streben soll, wobei man aus den Fehlern der Vergangenheit die richtigen Lehren ziehen muss.

Mit der Gewaltenteilung zwischen den gesetzgebenden Organen (der Legislative), den vollziehenden Organen (der Exekutive) und der Rechtsprechung (der Judikative) hat Mercier in seiner Utopie ein Mo-

dell realisiert, das heute aus keiner Demokratie wegzudenken ist. Die Macht ist nicht länger in einer Hand, weder eines Königs noch einer kleinen Gruppe Auserwählter. Machtmissbrauch soll verhindert werden, indem die drei staatstragenden Organe einander kontrollieren und zueinander in Abhängigkeit stehen.

Mercier greift aber noch ein weiteres Thema auf, das uns heute modern und von neuer Aktualität erscheint. Auch wenn er kein Kommunist ist, kritisiert er doch den kapitalistischen Grundsatz, immer mehr Gewinne erzielen zu müssen. Heute leben wir in einer Welt der Überproduktion, zumindest gilt dies für die Industriestaaten. Längst geht es nicht mehr darum, Bedürfnisse zu stillen (ein Traum aller Utopisten), sondern darum, neue Bedürfnisse zu wecken und dabei möglichst viel, auch auf Kosten anderer, zu verdienen. Mercier lehnte dies ab. In seiner utopischen Stadt des Jahres 2440 haben die Menschen alles, was sie brauchen. Gier, ungezügelter Profit und das Erwirtschaften von immer mehr Reichtum schienen ihm nicht erstrebenswert.

Étienne Cabet

Im kommunistischen Paradies wird nichts dem Zufall überlassen

Die Gedanken und Forderungen der Aufklärer widersprachen natürlich dem in Europa herrschenden Absolutismus, und die allermeisten Fürsten lehnten sie ab. So auch der französische König. Er lebte mit seinem riesigen Hofstaat weiterhin im Luxus, während das Volk hungerte. Die soziale Not und die Unzufriedenheit mit den politischen Verhältnissen waren so groß, dass sie zu Unruhen führten und im Sommer 1789 schließlich zur Französischen Revolution. Ziel der Revolutionäre war die Abschaffung des absolutistischen Ständestaates und die Durchsetzung bürgerlicher Freiheitsrechte. 1792 wurde die Erste Französische Republik ausgerufen. Das moderne Frankreich, wie wir es heute kennen, ist ohne die tiefgreifenden gesellschaftlichen und politischen Umwälzungen der Französischen Revolution nicht denkbar.

Noch im ersten Revolutionsjahr 1789 kam es zu einem Siegeszug der Aufklärer: Am 26. August verkündete die neu einberufene französische Nationalversammlung erstmals in Europa die Menschen und Bürgerrechte:

»**1.** Die Menschen werden frei und gleich an Rechten geboren und bleiben es.
2. Das Ziel jeder staatlichen Vereinigung ist die Bewahrung der natürlichen und unantastbaren Rechte der Menschen. Dies sind Freiheit, Eigentum, Sicherheit und Widerstand gegen Unterdrückung.

3. Der Ursprung jeder Herrschaft liegt seinem Wesen nach beim Volk.

4. Die Freiheit besteht darin, alles tun zu können, was einem anderen nicht schadet.

5. Das Gesetz darf nur Handlungen verfolgen, die schädlich für die Gesellschaft sind. Was nicht gesetzlich verboten ist, darf nicht behindert, was nicht gesetzlich geboten ist, nicht erzwungen werden.«

Damit war das alte politische System, das sogenannte Ancien Régime, abgeschafft. Das neue Frankreich begann unter dem Motto »Freiheit, Gleichheit, Brüderlichkeit«. Doch leider gelang es nicht, die revolutionären Errungenschaften auf Dauer zu sichern. Misstrauen, unterschiedliche Ziele und blutige Kämpfe unter den Revolutionären verhinderten fürs Erste den Sieg der Demokratie. Außerdem führten die europäischen Großmächte Krieg gegen das revolutionäre Frankreich. Im Verlauf dieser Kriege wurde ein erfolgreicher junger General populär: Napoleon Bonaparte (1779–1821). Als die Lebensmittelversorgung der Menschen immer schwieriger wurde und die Lage im Land immer kritischer, stürzte Napoleon am 9. November 1799 die Regierung, jagte das Parlament mit Waffengewalt auseinander und übernahm als »Erster Konsul« die Macht im Staat. Später änderte er die Verfassung und setzte sich am 2. Dezember 1804 selbst die Kaiserkrone auf.

In diesen wirren Zeiten wuchs der 1788 in Dijon geborene Étienne Cabet auf. Sein Vater war Handwerker, in seinem Elternhaus wurde die Marseillaise, das Lied der Revolution (und noch heute die Nationalhymne der Franzosen), gesungen. Obwohl das Geld knapp war, durfte Étienne Jura studieren. Als Rechtsanwalt bekannte er sich zu den Idealen der Revolution und schloss sich der liberalen Opposition an, was ihm ein dreimonatiges Berufsverbot einbrachte. In dieser Zeit verfasste er eine Schrift, in der er die Willkür der königlichen Justiz anprangerte, und wurde mit einem weiteren Jahr Berufsverbot bestraft. Sein Mut verschaffte ihm allerdings umso größeren Respekt bei den Gleichgesinnten, und bald wurde Cabet zu einem der führenden Köpfe der Opposition. Deren Stunde kam, als König Karl X. sich weigerte, die Rolle eines Monarchen zu spielen, der an die Gesetze gebunden war. »Ich würde lieber Holz hacken, als so ein König zu sein«, sagte er und wollte die Zustände des Ancien Régime aus vorrevolutionärer Zeit wiederherstellen. In Frankreich kam es daraufhin erneut zum Aufruhr, der schließlich in die Julirevolution von 1830 mündete. Étienne Cabet war dabei eine der treibenden Kräfte, die Karl X. stürzten und durch den Bürgerkönig Louis Philippe ersetzten. Cabet wurde sogar zu Louis Philippes Berater, und gemeinsam mit allen anderen Kräften wollten beide das Land demokratischer und sozialer machen. Doch der neue König hielt nicht, was er versprochen hatte; sein liberaler Regierungsstil war nur von kurzer Dauer, und bald unterschied sich seine Politik kaum noch von der seines Vorgängers.

Cabet war enttäuscht von dem autoritären Verhalten und der sozialen Kälte Louis Philippes; so hatte er sich die Regentschaft eines Bürgerkönigs nicht vorgestellt. Er wurde vom liberalen Reformer zum radikalen Sozialisten und schrieb das Buch »Die Revolution von 1830 und die gegenwärtigen Zustände«, in dem er schonungslos mit dem Regime abrechnete. Wenig später gründete er die oppositionelle Zeitung *Le Populaire*, geißelte darin die Zustände in Frankreich und setzte sich für eine bessere Bildung der Arbeiter ein. 1834 wurde die Zeitung verboten, Cabet selbst wegen Majestätsbeleidigung angeklagt und zu zwei Jahren Gefängnis oder fünf Jahren Exil verurteilt. Er entschied sich für Letzteres und lebte fünf Jahre in London. Dort heiratete er seine langjährige Freundin, mit der er eine Tochter hatte. In der Londoner Zeit wurde Cabet zum ersten Mal in seinem Leben mit wirklicher Armut konfrontiert, mit der eigenen und mit der vieler Arbeiterfamilien. Das stärkte bei ihm die Überzeugung, die Gesellschaft müsse völlig anders organisiert werden.

Zur gleichen Zeit lernte er den englischen Fabrikanten Robert

Owen kennen, der in seiner Baumwollspinnerei menschenwürdige Arbeitsbedingungen einführte. Owen verkürzte die Arbeitszeit auf 10,5 Stunden gegenüber den damals üblichen 13 bis 14 Stunden in anderen Fabriken. Er richtete Kranken- und Rentenversicherungen ein und ließ bezahlbare Wohnungen bauen. Besonders viel tat der Fabrikant für die Kinder: Er verbot die Arbeit von Kindern unter 12 Jahren, errichtete einen Kindergarten, in dem Kinder ab zwei Jahren betreut wurden, und eine Schule für die Sechs- bis Zwölfjährigen.

Étienne Cabet war tief beeindruckt. So wie Robert Owen müssten alle Fabrikanten sein, dachte er. Ja, mehr noch …

Dieses »Mehr noch« beschrieb Cabet in seinem 1839 unter Pseudonym veröffentlichten utopischen Roman »Reise nach Ikarien«.

Zu Beginn berichtet der Ich-Erzähler von der Begegnung mit dem jungen englischen Lord William Carisdall, den er sehr schätzt. Dieser Lord ist weit gereist und beklagt bitter, »überall auf der weiten Erde habe er die Menschen unglücklich gefunden, sogar dort, wo die Natur ihre spendende Hand geöffnet habe, als wolle sie alles zur Wohlfahrt Nötige im Überfluss darbieten«. Daraufhin berichtet ihm der Ich-Erzähler von Ikaria, einem Land, in dem alles anders und besser sei.

«Ikaria?«, fragte Lord Carisdall. »Was ist denn das für ein unbekanntes Land? Ich kenne doch ziemlich alle, aber dies – Ikaria sagten Sie?«

»Jawohl, Ikaria oder Ikarien, eine neue Welt … ein Paradies.«

Dieses Paradies will der Lord natürlich mit eigenen Augen sehen. Er lässt alles für die Reise vorbereiten. Am Tag der Abfahrt schreibt er in sein Tagebuch: »Ich verließ London am 22. Dezember 1835 mit dem treuen Begleiter auf allen meinen Reisen, dem lieben John.«

Nach einer vier Monate langen Seefahrt treffen sie in Ikarien ein. Dort werden sie überaus freundlich aufgenommen und »in das Hotel der Ausländer und Fremden« geführt. Der Lord ist so beeindruckt, dass er das prachtvolle Hotel einen »Fremdenpalast« nennt. Nach dem Mittagessen macht er einen kleinen Spaziergang durch die Stadt. »Die Gebäude einer Straße sind alle gleich, aber keine Straße gleicht der andern ... Gärten vor oder hinter oder neben jedem Haus; prächtige Monumente, in Erz, Stein, mit Gold und Silber, standen an vielen Orten. Auch stolze Paläste mit einem königlichen Prunke ragten durch die Stadt. Ich war angenehm überrascht.«

Die nächste Station der Reise ist die Hauptstadt des Landes. Dorthin fahren sie, begleitet von einem Mann namens Walmor, in einer großen Kutsche, die von sechs Pferden gezogen wird. Der Lord wundert sich, dass weder er noch die anderen Reisenden für die Fahrt bezahlen müssen. Und als sie in einem Gasthaus Rast machen, wundert er sich noch mehr: »Ich sah keinen der Reisenden die Zeche bezahlen und richtete mich deshalb verwundert an Walmor. Er lächelte wieder und meinte, die höchst glorreiche Herrscherin von Ikaria, der auch dieses Hotel gehöre, sei reich genug, um ihre Gäste speisen zu können. Und als ich weitere Erklärungen wünschte, vertröstete er mich und bat, ich möchte noch ein wenig warten.«

Aber Lord Carisdall lässt nicht locker und fragt immer wieder nach der so wohltätigen Herrscherin.

»Nun, die ikarische Königin und Landesmutter, die für alle Landeskinder so rührend sorgt, so unendlich reich ist, diese Königin ist nichts anderes als – der ikarische Staat, die ikarische freie Gemeinde, die ikarische Republik, der allerdings alles gehört auf und unter dem ikarischen Boden. Mein lieber Lord, Sie stecken zur Stunde noch etwas in adligen Vorurteilen, und ich rate Ihnen, sich herauszuwickeln, denn die ikarische Luft ist verdammt demokratisch.«

»Verdammt demokratisch« ist Ikarien nicht nur im politischen, sondern auch im wirtschaftlichen und gesellschaftlichen Bereich, wie Lord Carisdall voller Erstaunen erfährt.

»Die Ikarier sind der unerschütterlichen Überzeugung, kein wahres, kein wirkliches Glück könne bestehen *ohne Gleichheit und ohne Vergesellschaftung*; und so ist es denn dahin gekommen, dass wir eine Gesellschaft auf der Grundlage der völligen Gleichheit ausgebildet haben. Alle sind sozusagen assoziiert, sind Bürger, sind gleich an Rechten und Pflichten.«

Der Lord wendet ein, die Menschen seien von Natur aus schon nicht gleich, sondern mit unterschiedlichen Fähigkeiten des Leibes und des Geistes ausgestattet.

»Das ist freilich nicht zu leugnen, aber man bedenke, dass die Menschen wenigstens alle gleich sind in ihrem Streben nach Wohlsein und Glück, nach Dasein überhaupt, *leben* wollen sie alle.« Und damit alle ein möglichst glückliches Leben führen können, dürfe es – außer den natürlichen – keine Unterschiede zwischen den Menschen geben. »Jeder muss folglich ein Geschäft ausüben und dieselbe Anzahl Stunden arbeiten; aber ihre ganze Vernunft ist rastlos bemüht, Mittel und Wege zu finden, um dieses Arbeiten leicht, bequem, angenehm und kurz zu machen.«

Cabet setzt bei seiner Utopie auf die industrielle Revolution und entwirft den ersten Idealstaat des Industriezeitalters. Die Rationalisierung der Produktion in Landwirtschaft und Industrie durch immer mehr und immer bessere Maschinen bringt immer höhere Erträge bei weniger und leichterer Arbeit. Und diese Erträge gehören nicht einigen Wenigen, sondern allen gemeinsam. »Alle beweglichen Güter nebst allen Produkten des Bodens und der Industrie bilden ein einziges Gesellschaftskapital«, sagt Walmor.

»Das ist ja die Gütergemeinschaft!«, ruft Lord Carisdall aus.

Gütergemeinschaft oder – wie Cabet es an anderer Stelle nennt – Kommunismus. Der Kommunismus ist für Cabet die beste aller denkbaren Organisationsformen des menschlichen Zusammenlebens. »Wenn alle Philosophen aus ihren Gräbern stiegen, um unter dem Vorsitz von Jesus Christus eine Tagung abzuhalten, so würde dieser Kongress den Kommunismus proklamieren«, schreibt er einmal.

Für das Funktionieren einer kommunistischen Gesellschaft gibt es laut Cabet eine zentrale Voraussetzung, die in Ikarien gegeben ist: »Ikarien hat den schwersten und erhabensten Sieg errungen, der dem Menschen auf Erden zuteilwerden kann: *Ikarien hat den Zufall besiegt.*« Mit anderen Worten: In Ikarien wird alles geplant. »Die Republik bestimmt jährlich alle diejenigen Gegenstände, die hervorgebracht werden müssen, um als Nahrung, Wohnung, Kleidung des Volkes zu dienen.« Dabei gilt der Grundsatz: »Zuerst das Notwendige, dann das Nützliche, zuletzt das Angenehme.«

Für die Nahrung ist der Speiserat zuständig. Er legt fest, »welche Nahrungsmittel heilsam und welche zu verwerfen sind«. Jede Familie erhält ein ikarisches Kochbuch, »worin die zweckmäßige Zubereitung jeder Speise angegeben ist«. Was wann gegessen wird, ist genau geregelt: »Um sechs Uhr früh nehmen Arbeiter, das heißt *alle* Einwohner, gemeinschaftlich im Speisesaal des Stadtviertels einen leichten Morgenimbiss ein. Um neun Uhr frühstücken sie, nachdem sie bereits einige Stunden gearbeitet haben, in der Werkstatt; die Frauen und Kinder tun das Gleiche zu Hause. Um zwei Uhr wird zu Mittag gespeist; alle Einwohner derselben Straße versammeln sich dazu im Speisehaus. Abends, gegen neun oder zehn Uhr, genießt jede Familie noch ein kleines Abendessen zu Hause, und dies, in Früchten und Zuckerwerk bestehend, ist von den Frauen bereitet.«

Alle Produkte aus Landwirtschaft, Handwerk und Industrie werden in Magazinen aufbewahrt. Dort holt jede Familie, »was sie braucht und was ihr zusagt. Das Magazin führt Buch über jede Familie und schickt ihr ins Haus, was sie sich gewählt hat und was ihr zukommt«. Das alles geschieht ohne Geld oder andere Zahlungsmittel.

Auch im Wohnungsbau ist alles genau geregelt. Der Wohnungsrat hat Musterpläne entworfen, nach denen die Häuser, die sich nur durch ihre Größe unterscheiden, gebaut werden. Jede Familie hat ein Haus für sich. Je mehr Mitglieder eine Familie hat, desto größer ist das Haus, das ihr zusteht. Muss eine Familie durch Zuwachs in ein größeres Haus umziehen, »werden natürlich keine Möbel mitgeschleppt, wie wir Europäer das lächerlicherweise tun müssen«, notiert Lord Carisdall in sein Tagebuch. »Alle Möbel sind gleich schön und gleich brauchbar in allen Wohnungen; nur Weniges, ganz Persönliches wird mitgenommen. Man bedenke, welche ungeheure

Mühe, Qual, Verdrießlichkeit, Zeit, Kraft, Gesundheit durch dieses ikarische Umzugsystem gespart wird!«

Und natürlich ist in Ikarien auch die Kleiderfrage für alle geregelt. »So sind Kindheit, Jugend auf ihren verschiedenen Stufen, verheirateter, lediger, verwitweter Stand und Wiederverheiratung, die verschiedenen Berufe und Ämter durch die Kleidung angezeigt. Es kommen auf diese Weise Uniformen heraus, jede eine andere; ist das nicht himmelweit entfernt von dem Einförmigen?«, fragt ein Ikarier. Außerdem sei die Kleidung für Arbeit, Freizeit, Festlichkeiten oder für öffentliche Versammlungen stets verschieden. Und für junge Frauen sei »zwar Stoff und Schnitt des Gewandes bestimmt, aber die Farbe keineswegs«. So seien in Ikarien alle geschmackvoll gekleidet; »die lächerliche Erscheinung, die man Mode heißt, ist verschwunden«.

Während seines Aufenthalts in Ikarien lernt Lord Carisdall verschiedene Menschen näher kennen. Einer von ihnen ist Professor Dinaros. Der erläutert ihm das ikarische Erziehungssystem, dessen oberster Grundsatz lautet: »Das Kind ist die künftige Nation; Respekt vor ihm! Verhunzt die Erziehung die Kinder, so geht die Nation bergab.« In Ikarien wird der Erziehung daher große Bedeutung beigemessen, und zwar bei Mädchen wie bei Jungen. Da die Kinder in ihren Familien aufwachsen, »ist ein Teil der Erziehung natürlich den Eltern anvertraut und ist folglich häuslich. Ein anderer Teil ist öffentlich oder allgemein in den Nationalschulen«.

Die Fürsorge des Staates beginnt bereits während der Schwangerschaft. Die werdenden Eltern sind verpflichtet, sich in Büchern und Vorträgen darüber zu informieren, wie sie sich verhalten müssen, damit sich die Kinder im Mutterleib optimal entwickeln können. Nach der Geburt genießen die Mütter den Schutz und die Fürsorge des Staates, damit sie sich intensiv um ihre Kinder kümmern können. Die ersten fünf Jahre sind sie für die Erziehung zuständig. Weil in Ikarien das Motto gilt, nur in einem gesunden Körper könne sich ein gesunder Geist entwickeln, sind die Mütter gehalten, auf die *physische Erziehung* besonderen Wert zu legen. »Vom dritten Lebensjahr ab bis zum fünften bringen die Mütter einer Straße ihre Kinder beiderlei Geschlechts zusammen, damit die Kleinen, unter steter Aufsicht einiger der Mütter, gemeinschaftliches Spiel treiben. Sobald das Kind kräftiger wird, fangen zu Hause, und später in der Schule, die vom Gesetz aufs Genaueste verordneten Leibesübungen an.«

Auf der physischen baut die *intellektuelle Erziehung* auf. »Im fünften Jahre beginnt die allgemeine und gemeinsame Erziehung, bis zum siebzehnten, achtzehnten Jahre dauernd. Sie wird aber noch mit der häuslichen verbunden, denn die Kinder gehen erst um neun Uhr zur Schule, nachdem sie zu Hause gefrühstückt haben, und kommen um sechs Uhr abends wieder; zwei Mahlzeiten bekommen sie in der Schule.«

Anfangs liegt der Schwerpunkt der schulischen Bildung auf dem Lesen, Sprechen und Schreiben »der Nationalsprache«. Doch bald werden auch »die Sprachen des Altertums und der modernen Welt« gründlich gelernt. »Ich brauche wohl nicht hinzuzufügen, dass alle bedeutenden Werke aus allen nichtikarischen Sprachen in die unsrige übertragen wurden und werden; jeder findet sie in den Nationalbibliotheken, deren es unendlich viele, im ganzen Land verteilt, gibt.«

Neben den Sprachen werden vor allem Mathematik und Naturwissenschaften unterrichtet, weil die Menschen in einem Industriestaat gute Kenntnisse in diesen Bereichen besitzen müssen. Auch auf die musischen Fächer wird viel Wert gelegt, denn zur ganzheitlichen Bildung gehört, dass sich die Menschen mit Kunst, Musik und Literatur beschäftigen und Freude daran haben.

Wenn die allgemeine Schulbildung abgeschlossen ist, folgt die nächste Stufe: »Mit siebzehn Jahren für die Mädchen, mit achtzehn für die Jünglinge, hebt eine abermalige Erziehung an: die professionelle, speziell sich auf ein Fach beziehende, sowohl in theoretischer als auch in praktischer Hinsicht. Zugleich Unterricht in Literatur, Geschichte, Anatomie, Gesundheits- und Krankheitskunde, bis zwanzig und einundzwanzig Jahren, nach den Arbeitsstunden des

Vormittags. Auch bei einundzwanzig Jahren hört die Erziehung nicht auf; alsdann kommt ein Unterricht, die ›Geschichte des Menschen‹ betreffend. Alle Ikarier sind hierzu berufen und hierzu verpflichtet.«

Weil in Ikarien die Erziehung der Kinder den höchsten Stellenwert besitzt, werden die Lehrerinnen und Lehrer sehr gut ausgebildet und genießen hohes Ansehen in der Gesellschaft. Sie entwickeln ständig neue Unterrichtsmethoden, um »dem Kinde möglichst viel, möglichst schnell und möglichst wirksam« beizubringen. Dabei machen sie »oft das Lernen zum Spiel und das Spiel zum Lernen«.

Ziel des langen Erziehungsprozesses sind »wahrhafte Menschen«, die als Arbeitende, Eltern und Bürger ihre Aufgaben gerne und gut erfüllen.

Dazu trägt auch die moralische Erziehung der Kinder und Jugendlichen ihren Teil bei, die »den Sinn für Brüderlichkeit und für Gleichheit in ihnen früh erwecken« soll. In diesem Zusammenhang fragt Lord Carisdall nach der Religion. Sein Gesprächspartner antwortet sehr umständlich und sagt schließlich: »Ich kann mir keine Erde denken, die nicht geschaffen, keinen Gott, der nicht ein Schöpfer, ein Vater sei. Ich muss folglich an einen *einzigen* Gott, Schöpfer, Vater, Erbauer des ganzen Weltalles glauben. Aber andrerseits drängt sich uns die Frage auf: Wer ist dieser Baumeister, der den Plan des Universums gezeichnet und ausgeführt hat? Wo hat er die Materialien und Werkleute hergenommen?« Diese und ähnliche Fragen machen deutlich, dass es sich in Ikarien um einen aufgeklärten Glauben, um eine Vernunftreligion handelt. Konsequenterweise sind Religion und Staat voneinander getrennt; die Vertreter der Religion haben keine politische Macht, der Staat mischt sich in die Religion nur ein, um die Glaubensfreiheit zu schützen. Und er schützt die Kinder vor zu früher Beeinflussung: »Bis zu ihrem sechzehnten oder siebzehnten Jahr hören die Kinder nichts von Religion und stehen unter keiner der verschiedenen Glaubensfahnen. Es ist gesetzwidrig, vor dem Alter der Vernunft einen Einfluss auf ihre Meinung auszuüben.« Dann werden sie ein Jahr lang »mit allen Glaubenssystemen und allen religiösen Meinungen ohne Ausnahme« bekannt gemacht – allerdings nicht von Priestern, sondern von Lehrern der Philosophie.

Lord Carisdall ist über all das sehr erstaunt, fragt noch einmal nach dem allgemeinen Glauben in Ikarien und erhält folgende Antwort:

»Unsere allgemeine oder Volksreligion, um die Wahrheit zu gestehen, ist ein reines System der *Sittenlehre* und der *Weisheit.*« Sie soll die Menschen zu brüderlicher Liebe führen. Dabei sollen sie nach drei Grundsätzen handeln: »Liebe deinen Mitmenschen wie dich selbst! Füge keinem anderen das Böse zu, von dem du nicht willst, dass man es dir zufüge! Erweise den anderen alles Gute, das du dir selber wünschst!«

Nach diesen Grundsätzen zu leben, lernen die Ikarier schon lange vor dem Beginn des Religionsunterrichts durch die *moralische Erziehung* in der Familie und in der Schule.

Lord Carisdall vermutet, bei so viel Sittlichkeit und Tugend gebe es wahrscheinlich nicht viele Verbrechen in Ikarien.

Worauf Walmor entgegnet: »Verbrechen können schlechterdings bei uns nicht mehr vorkommen. Diebstahl zum Beispiel ist nicht möglich, wo es kein Geld gibt und wo jeder hat, was er braucht, was er wünscht. Um da noch zu stehlen, müsste man verrückt sein. Und Brandstiften, Vergiften, Morden ist unmöglich, da der Diebstahl unmöglich ist. Wir sind glücklich und haben deshalb auch keine Selbstmorde.«

Lord Carisdall wirft ein, Mord und Selbstmord könnten doch auch aus Eifersucht begangen werden.

»Hierauf erwiderte der junge Mann, die ikarische Bildung mache aus jedem Bürger und jeder Bürgerin ein Wesen, welches vernunftmächtig sei, die Rechte und den Willen des Nebenmenschen achte und nach Gerechtigkeit handle.« Alle seien in der Lage, »ihre Begierden und Leidenschaften zu zügeln«, Laster und Verbrechen gebe es nicht.

Wo es keine Verbrechen gibt, ist auch kein Justizapparat mit Polizisten, Rechtsanwälten und Richtern notwendig. Die kleinen Vergehen, die es zu ahnden gilt, sind Unpünktlichkeit, Unklugheit, Ungenauigkeit bei der Arbeit, Versäumnisse und Verleumdungen. Diese Vergehen werden sozusagen vor Ort am »Gerichtshof« der Schule, der Werkstatt oder der Fabrik verhandelt, damit jeder Beschuldigte durch seinesgleichen verurteilt wird.

Schließlich erfährt der englische Lord auch etwas über die Verfassung Ikariens. Am besten wäre es, so erzählt ihm Walmor, wenn sich alle Bürgerinnen und Bürger in der Hauptstadt versammeln könnten, um die anstehenden Fragen zu diskutieren und dann die Gesetze zu erlassen. Das wäre die wahre Demokratie. Weil das aber nicht praktikabel ist, gibt es ein anderes Verfahren: Ikarien wurde in hundert Provinzen aufgeteilt, von denen jede zehn Gemeinden mit etwa gleich großer Fläche und Einwohnerzahl umfasst. In allen tausend Gemeinden versammelt sich das Volk dreimal monatlich zur gleichen Zeit, »sodass die Ikarier sagen können: In diesem Augenblick beraten wir alle«. In diesen Volksversammlungen wird alles beraten und beschlossen, was die Gemeinden betrifft. Und jede Gemeinde wählt zwei Abgeordnete in die Nationalversammlung. Dort werden die Gesetze beschlossen, die für ganz Ikarien gelten. Die müssen allerdings den Volksversammlungen vorgelegt werden; erst wenn diese mehrheitlich zustimmen, können die Gesetze in Kraft treten. Für die Ausführung der Gesetze ist ein »vollziehender Ausschuss« zuständig. Dessen Mitglieder werden ebenfalls von den Volksversammlungen gewählt. »Alle Beamten sind folglich Beauftragte des gesamten Volkes, sind alle wählbar, sind nur auf Zeit im Amt, sind verantwortlich und absetzbar. Um ja jedem übel angebrachten Ehrgeiz vorzubeugen, sind bei uns die gesetzgebenden Beamten und die gesetzausführenden geschieden, sodass nicht ein Bürger beides zugleich sein darf.«

Diese Verfassung macht Ikarien zu einer »verdammt demokratischen« Republik. Damit sie den Menschen sozusagen in Fleisch und Blut übergeht, »lernt jedes Kind die gesamte Verfassung auswendig.

Wie die Knaben ebenso die Mädchen, mit denen keine Ausnahme in dieser hochwichtigen Sache gemacht werden kann, da ja auch sie Mitbürgerinnen werden sollen«.

Mitbürgerinnen? Der Staatsgründer Ikar »hat seinen Landsleuten unaufhörlich eingeprägt, dass nur durch wahre Bildung des weiblichen Geschlechts und die angemessene Behandlung desselben sich ein Nation glücklich machen kann«. Immer wieder betont Cabet in seiner Utopie die Gleichheit der Geschlechter. Vor allem geht er davon aus, dass Frauen und Männer von Natur aus gleich intelligent sind. Um beiden gerecht zu werden, erhalten in seinem Idealstaat Mädchen und Jungen die gleiche Schulbildung und haben die gleichen Berufschancen. So gibt es in Ikarien zum Beispiel Lehrerinnen, Priesterinnen und Ärztinnen. Dennoch kann trotz dieser fortschrittlichen Gedanken bei Cabet von wirklicher Gleichberechtigung noch nicht die Rede sein; bei den Volksversammlungen haben »die Mitbürgerinnen« weder Rede- noch Stimmrecht, in politische Ämter können sie nicht gewählt werden. Für den Autor wird die Rolle der Frau vor allem durch Ehe und Mutterschaft definiert. Hier sieht er ihre eigentliche – auch staatstragende – Aufgabe: Weil die Familie das Fundament seines utopischen Staates ist, hat die verheiratete Frau eine große Verantwortung. Sie ist von der Berufsarbeit befreit, ihre Hausarbeit und die Kindererziehung werden jedoch als gleichwertige Tätigkeiten anerkannt und sind hoch angesehen.

Damit die Ehen glücklich und stabil sind, heiraten junge Menschen – nachdem sie sich mindestens »sechs Monate genau gekannt« haben – nur aus Liebe. »Die sich Liebenden stehen auf gleicher Stufe, haben die gleiche Bildung des Geistes und Herzens, können sich also nicht täuschen, nicht blenden; der leere Schein gilt nichts mehr. Erziehung und Bücher haben sie zur Ehe vorbereitet; sie wissen, dass sie sich durch Heirat für das ganze Leben verbinden. Und da der Staat ihnen dieses Leben angenehm und würdevoll gemacht hat, so ist kein Grund, weshalb sie es sich durch ehelichen Zwist verdüstern sollten.« Geschieht das doch und »sollte unter Hunderttausenden von Fällen einmal sich das Glück aus einer Ehe entfernen wollen«, dann ist eine Scheidung möglich und später eine Wiederverheiratung.

Ehe und Familie stehen unter dem besonderen Schutz des Staates, »der ehelose Stand gilt als sehr verdächtig, als eine Art Undankbarkeit oder Empörung gegen die Natur. Desgleichen spricht sich das Gesetz gegen Ehebruch und gesetzloses Zusammenleben der Geschlechter aufs Schärfste aus«. Allerdings ist in Ikarien »seit zwanzig Jahren kein Fall vorgekommen«.

Neben der *moralischen Erziehung* trägt dazu auch die materielle Sicherheit bei. In Ikarien sind nicht nur die Grundbedürfnisse befriedigt, Cabet geht noch einen Schritt weiter. Anders als die meisten Utopisten predigt er kein spartanisches Leben, sondern gönnt den Menschen Vergnügen und Genuss. Der technische Fortschritt ermöglicht sogar einigen Luxus. So ist zum Beispiel die prunkvolle Gestaltung der öffentlichen Speisesäle »vielleicht bedeutender als in europäischen Herrschafts- und Fürstenpalästen; gewiss aber haben sie das vor diesen voraus, dass hier alle Welt mit genießt. Selbst Gemälde, Blumen, Musik, Wohlgerüche, Springbrünnlein und dergleichen fehlen in keinem dieser großen, gemeinsamen Speisesäle, an die sich meist ein Garten und eine Terrasse schließt«.

Luxus ist in Ikarien also keineswegs verpönt, allerdings darf er nicht gegen Sitte und Moral verstoßen, und jeder muss an ihm teilhaben können.

Nachdem Lord Carisdall das alles gesehen und gehört hat, kommt er zu dem Schluss, dass Ikarien dem Paradies auf Erden schon sehr nahe ist.

Étienne Cabet wollte mit seinem Buch nicht nur einen Roman von ferneren, besseren Zeiten schreiben, er wollte seine Utopie selbst noch erleben. Und der große Erfolg des Buches ermutigte ihn dazu. Um 1845 hatte er bereits so viele Anhänger in Frankreich, dass er die »ikarische Revolution« in greifbarer Nähe sah. Diese Revolution sollte durch die Einsicht aller gesellschaftlichen Gruppen geschehen und völlig friedlich verlaufen. Einen gewaltsamen Umsturz lehnte er ab.

Doch so einsichtig, wie Cabet es erhoffte, waren längst nicht alle Franzosen. Als die ikarischen Kommunisten von der Regierung verfolgt wurden, rief er in der Zeitschrift *Le Populaire* zur Auswanderung auf: »Jesus, dessen Prinzipien wir aufstellen, hat seinen Aposteln gesagt: ›Wenn man Euch in der einen Stadt verfolgt, so begebt Euch in eine andere.‹ Lasst uns nach Ikarien ziehen!!!«

Am 3. Februar 1848 machten sich die ersten 150 Auswanderer auf den Weg nach Amerika, und für Cabet begann an diesem Tag ein neuer Abschnitt der Weltgeschichte. Nach vielen Schwierigkeiten in der Neuen Welt bezogen die Auswanderer in Nauvoo am Mississippi eine verlassene Siedlung und richteten sich dort ein. Die Prinzipien der Gleichheit, der Gütergemeinschaft und der Demokratie wurden konsequent eingehalten – mit einer Ausnahme: Vater Cabet, wie er genannt wurde, stand über allen. Und weil sich seine Gemeinde nicht so entwickelte, wie er es sich vorstellte, kam es bald zu Streitigkeiten. Cabet war nicht bereit, von seinem Weg abzuweichen, duldete keinen Widerspruch und wurde immer autoritärer. Ein Journalist, der 1855 die Kolonie besuchte, schrieb später: »Ikarien ähnelte einer strengen Klostergemeinschaft, in der die intolerante Herrschaft Cabets und die puritanische Strenge die Gemüter bedrückte … Der Luxus, die hohe Industrialisierung und die Heiterkeit des Schlaraffenlandlebens aus dem Roman fehlten vollständig.«

So wuchs der Widerstand gegen Cabet, bis er schließlich mit Stimmenmehrheit aus seinem Ikarien ausgeschlossen wurde. Gekränkt und enttäuscht verließ Cabet mit den wenigen Getreuen die Kolonie. Eine Woche später, im November 1856, starb er. Das Scheitern seiner Utopie hat er nicht mehr erlebt.

Für Étienne Cabet wird eines der Themen, das alle Verfasser von utopischen Entwürfen beschäftigte, zum zentralen Punkt: die Verteilungsgerechtigkeit. Er löst diese Frage, indem er auf radikale Gleichheit setzt. Gleichheit ist für ihn die Voraussetzung für gesellschaftliche

Gerechtigkeit. Als Erster nennt er eine solche Gesellschaft kommunistisch.

Cabets Versuch, seine Theorie in die Praxis umzusetzen, misslang nach nur wenigen Jahren. Von der Gleichheit der Menschen, die er predigte, nahm er sich selbst aus. Man mag darin Parallelen zu den später ausgerufenen sozialistischen Staaten sehen, die dem kommunistischen Ideal folgten. Weder in Russland noch in der DDR noch in anderen sozialistischen Ländern lag, wie man es einst erträumt hatte, die Macht beim Volk. Die Sehnsucht nach einem gerechten Leben mit gleichem Wohlstand, gleichen Mitbestimmungsrechten und gleichen Chancen für alle Bürger hatte sich nicht erfüllt. Stattdessen waren Diktaturen entstanden, die nichts mehr mit dem einstigen Ideal einer besseren Welt gemein hatten.

Karl Marx und Friedrich Engels

Auf dem Weg in die klassenlose Gesellschaft

In der zweiten Hälfte des 18. Jahrhunderts hatte in England eine Entwicklung begonnen, die man später die »Industrielle Revolution« nannte. Sie war die gründlichste Umwälzung menschlicher Lebensverhältnisse seit dem Beginn des Ackerbaus und der Sesshaftwerdung. Überall schossen Fabriken aus dem Boden; die Arbeitskräfte für diese Fabriken kamen in Massen. Sie strömten vom Land in die Städte, weil ihnen die Landwirtschaft den Lebensunterhalt nicht mehr sichern konnte. Bisher hatten diese Menschen in einem »natürlichen Rhythmus« mit der Natur gelebt. Nun wurde daraus ein »künstlicher Rhythmus«, den die Fabrik und die Maschinen bestimmten. Die Arbeiter und ihre Familien mussten in primitivsten Massenquartieren mit unzureichenden sanitären Einrichtungen hausen; Krankheiten und Seuchen waren die Folge. Luft und Wasser wurden von den Fabriken stark verschmutzt, die Schlote rauchten ohne jegliche Schutzmaßnahmen.

Die negativen Auswirkungen dieser neuen Produktions- und Lebensweise zeigten sich schnell. Trotzdem folgten auch andere Nationen dem englischen Vorbild und trieben die Industrialisierung voran.

In dieser Umbruchzeit wurde am 5. Mai 1818 in Trier Karl Marx geboren. Die Vorfahren seiner Eltern waren seit vielen Generationen Rabbiner gewesen. Das hinderte den Vater Heinrich Marx jedoch nicht daran, mit seiner Familie 1824 zum protestantischen Glauben überzutreten, um als Jurist im judenfeindlichen Klima des 19. Jahrhunderts bessere Aufstiegschancen zu haben. Er brachte es dann auch zum Justizrat, was der Familie Marx ein bürgerliches Leben ohne materielle Sorgen ermöglichte.

Über die Kindheit und Jugend von Karl Marx ist wenig bekannt. Aus seiner Zeit als Schüler des Gymnasiums in Trier ist der Abituraufsatz des Siebzehnjährigen erhalten: »Betrachtung eines Jünglings bei der Wahl seines Berufes.« Darin erläutert Marx, dass es im Leben nicht darum gehe, eine möglichst hohe Position in der Gesellschaft zu erreichen und den größten Vorteil für sich selbst zu suchen. Das solle der Jüngling bei der Berufswahl bedenken. »Wenn er nur für sich schafft, kann er wohl ein berühmter Gelehrter, ein großer Weiser, ein ausgezeichneter Dichter, aber nie ein vollendeter, wahrhaft großer Mensch sein. Die Geschichte nennt diejenigen als die größten Männer, die, indem sie für das Allgemeine wirkten, sich selbst veredelten.«

Bei der eigenen Berufswahl richtete sich Marx zunächst nach dem Wunsch seines Vaters und begann in Bonn ein Studium der Rechtswissenschaften. Anfangs studierte er eifrig, doch bald verbrachte er mehr Zeit in Kneipen als im Hörsaal. Und als er nach zwei Semestern zur Universität Berlin wechselte, setzte er dort das lockere Studentenleben fort. Immer wieder bat er seinen Vater um Geld, bis dieser ihm schließlich wütend in einem Brief schrieb: »Als wären wir Goldmännchen, verfügt der Herr Sohn in einem Jahr für beinahe 700 Taler gegen alle Abrede, gegen alle Gebräuche, während die Reichsten keine 500 ausgeben.«

In Berlin besuchte Marx nur selten juristische Vorlesungen. Mehr und mehr interessierte er sich für philosophische und historische Fragen. Am liebsten diskutierte er im sogenannten »Doktor-Club« mit jungen Intellektuellen. Dort vertrat man liberale Auffassungen, die von der Obrigkeit in Preußen nicht gehört werden durften. Weil es aber überall Spitzel gab, die das Gehörte an die Behörden weitermeldeten, bekamen die jungen Männer bald Schwierigkeiten; den meisten wurde eine akademische Laufbahn verwehrt. Zu ihnen gehörte auch Karl Marx. Weil sein Vater inzwischen gestorben war und die Mutter ihn finanziell nicht mehr so großzügig unterstützen konnte, musste er sich nach einem Broterwerb umsehen. Im Frühjahr 1842 nahm Marx eine Stelle als Redakteur der liberalen »Rheinischen Zeitung« in Köln an und wurde schon ein halbes Jahr später Chefredakteur. Die Zeitung berichtete mutig über die politischen und sozialen Verhältnisse in Preußen; so kritisierte Marx zum Beispiel in mehreren Artikeln die Zensur und trat für die Pressefreiheit ein. Die Zeitung bekam daraufhin Ärger mit der Justiz. Man drohte sogar, das Blatt zu verbieten. Marx wollte unter solchen Bedingungen nicht arbeiten und schied im März 1843 aus der Redaktion aus. An seinen Freund Arnold Ruge schrieb er: »Ich bin der Heuchelei, der Dummheit, der rohen Autorität und unseres Schmiegens, Biegens, Rückendrehens und der Wortklauberei müde geworden ... In Deutschland kann ich nichts mehr beginnen.«

Ruge lebte in Paris, gab dort mehrere Zeitungen heraus und plante die »Deutsch-französischen Jahrbücher«. Er bot Marx 800 Taler Jahreseinkommen an, würde dieser sich für eine Mitarbeit entscheiden. Marx nahm das Angebot an, denn mit einem festen Einkommen konnte er endlich seine Jugendfreundin Jenny von Westphalen heiraten. Zusammen mit ihr zog er nach Paris, wo er sich »in ein endloses Büchermeer« stürzte. Er las vor allem historische und philosophische Schriften und kam zu dem Schluss: »Die Philosophen haben die Welt nur verschieden interpretiert, es kommt darauf an, sie zu verändern.«

In Paris lernte Marx französische Sozialisten kennen und wurde selbst zum überzeugten Sozialisten. Utopische Modelle allerdings lehnte er ab, weil die seiner Meinung nach nicht von Fakten ausgingen, sondern idealistische Traumwelten darstellten. Was ihm stattdessen vorschwebte, war eine »konkrete Utopie«, basierend auf einem »wissenschaftlichen Sozialismus«, der wiederum auf historischen und ökonomischen Entwicklungsgesetzen beruhte. Ein solches Modell wollte er ausarbeiten.

Marx schrieb nicht nur ein Buch zu seinem Thema (wie die bisher vorgestellten Utopisten); an der Idee des Sozialismus arbeitete er sein Leben lang. Und dabei half ihm ausgerechnet der wohlhabende Sohn eines deutschen Textilfabrikanten: Friedrich Engels (1820 – 1895). Der hatte während seiner kaufmännischen Ausbildung einige Zeit in der väterlichen Baumwollspinnerei in Manchester zugebracht. Was er in der größten englischen Industriestadt sah, schockierte ihn. In seinem 1845 erschienenen Buch »Die Lage der arbeitenden Klasse in England« berichtete er darüber: von Löhnen, die zum Sterben zu hoch und zum Leben zu niedrig waren, von Frauen- und Kinderarbeit, von langen Arbeitszeiten und Wohnungsnot, vom völligen Verlust alter sozialer Bindungen, von fehlender Absicherung bei Krankheit, Unfall und Alter, von massenhaft arbeitsuchenden Menschen. Er kam zu dem Schluss, dass die Industrialisierung zwei Klassen hervorgebracht habe, die sich unversöhnlich gegenüberständen: die »besitzende Klasse« der wohlhabenden Bürger und die »arbeitende Klasse« der lohnabhängigen Arbeiter. Zwischen diesen beiden Klassen werde, ja müsse es früher oder später zum Kampf, ja zum Krieg kommen. »Es ist zu spät zur friedlichen Lösung … Ein kleiner Anstoß wird bald hinreichen, um die Lawine in Bewegung zu setzen. Dann wird allerdings der Schlachtruf durch das Land schallen: ›Krieg den Palästen, Friede den Hütten!‹ «

Karl Marx und Friedrich Engels erkannten schon bei ihrer ersten Begegnung, dass sie trotz ihrer unterschiedlichen Herkunft und Ausbildung über ähnliche Fragen nachdachten. Sie wurden Freunde und arbeiteten fortan zusammen. Manche Schriften verfassten sie gemeinsam, bei anderen unterstützen sie einander in Gesprächen und Briefen – erhalten sind etwa 4500 dieser Briefe aus den Jahren 1844 bis 1870.

Außerdem half Engels seinem Freund finanziell in großzügiger Weise, denn in der Familie Marx gab es selten genug Geld, um sich mehr als das Notwendigste leisten zu können – und oft reichte es nicht einmal dafür.

Weil Marx auch in Paris kritische und zum Teil bissige Artikel über Preußen schrieb, bat die preußische Regierung Frankreich darum, den Störenfried auszuweisen. Die französische Regierung folgte der Bitte, und im Februar 1845 musste Marx mit Frau und Kind das Land verlassen. Man nahm ihn in Brüssel auf – allerdings nur unter der Bedingung, dass er sich zu tagespolitischen Fragen nicht äußerte.

Marx akzeptierte notgedrungen und widmete sich wieder der Auseinandersetzung mit führenden Philosophen, insbesondere mit dem Werk Georg Wilhelm Friedrich Hegels.

Für Hegel ist der Verlauf der Geschichte keineswegs eine Abfolge von Ereignissen, die mehr oder weniger zufällig stattfinden. Nein, die historische Entwicklung ist ein sinnvolles Nacheinander, das vom »Weltgeist« gelenkt wird. Diesen »Weltgeist« nennt Hegel auch »Gott«. Er ist vernünftig und sorgt dafür, dass die Geschichte vernünftig verläuft. Das geschieht nach dem sogenannten dialektischen Prinzip: Jede historische Epoche ist durch eine Idee bestimmt, die Hegel These nennt. Zu ihr gibt es ein Gegengewicht oder Gegenargument, die sogenannte Antithese. Die Auseinandersetzung von These und Antithese führt zu einem höheren Dritten, der Synthese. Das Endziel dieser Entwicklung formuliert Hegel so: »Alles Wirkliche ist vernünftig, alles Vernünftige ist wirklich.«

Die Annahme, dass ein »Weltgeist« die Geschichte lenke, lehnte Marx strikt ab. Was er von Hegel aber übernahm, war die dialektische Methode. Allerdings stellte er sie »vom Kopf auf die Füße«, wie er es nannte. Denn für Marx waren nicht Geist und Ideen die treibenden Kräfte des dialektischen Prozesses, sondern die Arbeits- und Produktionsverhältnisse. Das fasste er folgendermaßen zusammen: »In der gesellschaftlichen Produktion ihres Lebens gehen die Menschen bestimmte, notwendige, von ihrem Willen unabhängige Verhältnisse ein, Produktionsverhältnisse, die einer bestimmten Entwicklungsstufe ihrer materiellen Produktivkräfte entsprechen. Die Gesamtheit dieser Produktionsverhältnisse bildet die ökonomische Struktur der

Gesellschaft, die reale Basis, worauf sich ein juristischer und politischer Überbau erhebt und welcher bestimmte gesellschaftliche Bewusstseinsformen entsprechen. Die Produktionsweise des materiellen Lebens bedingt den sozialen, politischen und geistigen Lebensprozess überhaupt. Es ist nicht das Bewusstsein der Menschen, das ihr Sein, sondern umgekehrt ihr gesellschaftliches Sein, das ihr Bewusstsein bestimmt.«

Und dieses gesellschaftliche Sein entsprach in der modernen kapitalistischen Welt nach den Vorstellungen von Marx nicht dem Wesen des Menschen. Deshalb gelte es, »alle Verhältnisse umzuwerfen, in denen der Mensch ein erniedrigtes, ein geknechtetes, ein verlassenes, ein verächtliches Wesen ist«.

Um nicht nur theoretisch, sondern auch praktisch dabei mitzuhelfen, traten Marx und Engels 1847 dem »Bund der Gerechten« bei, den Emigranten aus verschiedenen europäischen Ländern gegründet hatten. Auf dem ersten großen Kongress in London wurde beschlossen, sich »Bund der Kommunisten« zu nennen. Die beiden Deutschen sollten das politische Programm der Gruppe verfassen. Im Februar 1848 wurde das berühmte »Manifest der Kommunistischen Partei« veröffentlicht. Darin sind wichtige Gedanken von Marx und Engels knapp und einigermaßen verständlich enthalten.

In der Einleitung heißt es unter anderem: »Ein Gespenst geht um in Europa – das Gespenst des Kommunismus. Alle Mächte des alten Europa haben sich zu einer heiligen Hetzjagd gegen dies Gespenst verbündet.« Deswegen sei es »hohe Zeit, dass die Kommunisten ihre Anschauungsweise, ihre Zwecke, ihre Tendenzen vor der ganzen Welt offen darlegen und dem Märchen vom Gespenst des Kommunismus ein Manifest der Partei selbst entgegenstellen«.

Der Hauptteil beginnt mit einer Bestandsaufnahme:

»Die Geschichte aller bisherigen Gesellschaft ist die Geschichte von Klassenkämpfen. Freier und Sklave, Patrizier und Plebejer, Baron und Leibeigener, Zunftbürger und Gesell, kurz, Unterdrücker und Unterdrückte standen in stetem Gegensatz zueinander, führten einen ununterbrochenen Kampf, der jedes Mal mit einer revolutionären Umgestaltung der ganzen Gesellschaft endete oder mit dem gemeinsamen Untergang der kämpfenden Klassen. In den früheren Epochen der Geschichte finden wir fast überall eine vollständige Gliederung der Gesellschaft in verschiedene Stände, eine mannigfaltige Abstufung der gesellschaftlichen Stellungen. Im alten Rom haben wir Patrizier, Ritter, Plebejer, Sklaven; im Mittelalter Feudalherren, Vasallen, Zunftbürger, Gesellen, Leibeigene, und noch dazu in fast jeder dieser Klassen besondere Abstufungen. Die aus dem Untergang der feudalen Gesellschaft hervorgegangene moderne bürgerliche Gesellschaft hat die Klassengegensätze nicht aufgehoben. Sie hat nur neue Klassen, neue Bedingungen der Unterdrückung, neue Gestaltungen des Kampfes an die Stelle der alten gesetzt. Unsere Epoche, die Epoche der Bourgeoisie, zeichnet sich jedoch dadurch aus, dass sie die Klassengegensätze vereinfacht hat. Die ganze Gesellschaft spaltet sich mehr und mehr in zwei große feindliche Lager, in zwei große, einander direkt gegenüberstehende Klassen: Bourgeoisie und Proletariat.«

Mit »Bourgeoisie« meinen Marx und Engels die Klasse der Kapitalisten. Sie besitzen die Produktionsmittel und nutzen die Lohnarbeit aus, um ihren Profit zu steigern. Unter »Proletariat« verstehen sie die Klasse der Lohnarbeiter. Sie besitzen keine Produktionsmittel und sind darauf angewiesen, ihre Arbeitskraft zu verkaufen, um leben zu können.

Mit einem Satz beschreiben Marx und Engels die Rolle des Staates in der Epoche der Bourgeoisie: »Die moderne Staatsgewalt ist nur ein Ausschuss, der die gemeinschaftlichen Geschäfte der ganzen Bourgeoisklasse verwaltet.«

Die Bourgeoisie wird von Marx und Engels nicht kritisiert, schließlich sei sie nicht »böse«; sie tue nur, was sie im historischen Prozess tun muss. In der Geschichte habe sie »eine höchst revolutionäre Rolle gespielt. Die Bourgeoisie, wo sie zur Herrschaft gekommen, hat alle feudalen, patriarchalischen, idyllischen Verhältnisse zerstört. Sie hat die buntscheckigen Feudalbande, die den Menschen an seinen natürlichen Vorgesetzten knüpften, unbarmherzig zerrissen und kein anderes Band zwischen Mensch und Mensch übrig gelassen als das nackte Interesse, als die gefühllose ›bare Zahlung‹ … Sie hat, mit einem Wort, an die Stelle der mit religiösen und politischen Illusionen verhüllten Ausbeutung die offene, unverschämte, direkte, dürre Ausbeutung gesetzt …«

Die Bourgeoisie habe keine Rücksicht auf die Bedürfnisse der Menschen genommen. Nur so konnte sie beweisen, »was die Tätigkeit der Menschen zustande bringen kann. Sie hat ganz andere Wunderwerke vollbracht als ägyptische Pyramiden, römische Wasserleitungen und gotische Kathedralen, sie hat ganz andere Züge ausgeführt als Völkerwanderungen und Kreuzzüge«. Das alles sei nur möglich gewesen, weil die Bourgeoisie keine Hemmungen und keine Grenzen kenne.

»Das Bedürfnis nach einem stets ausgedehnteren Absatz für ihre Produkte jagt die Bourgeoisie über die ganze Erdkugel. Überall muss sie sich einnisten, überall anbauen, überall Verbindungen herstellen … Die uralten nationalen Industrien sind vernichtet worden und werden noch täglich vernichtet. Sie werden verdrängt durch neue Industrien, deren Einführung eine Lebensfrage für alle zivilisierten Nationen wird, durch Industrien, die nicht mehr einheimische Rohstoffe, sondern den entlegensten Zonen angehörige Rohstoffe verarbeiten und deren Fabrikate nicht nur im Lande selbst, sondern in allen Weltteilen zugleich verbraucht werden. An die Stelle der alten, durch Landeserzeugnisse befriedigten Bedürfnisse treten neue, welche die Produkte der entferntesten Länder und Klimate zu ihrer Befriedigung erheischen. An die Stelle der alten lokalen und nationalen Selbstgenügsamkeit und Abgeschlossenheit tritt ein allseitiger Verkehr, eine allseitige Abhängigkeit der Nationen voneinander« – heute nennt man das Globalisierung.

»Die Bourgeoisie hat in ihrer kaum hundertjährigen Klassenherrschaft massenhaftere und kolossalere Produktionskräfte geschaffen als alle vergangenen Generationen zusammen. Unterjochung der Naturkräfte, Maschinerie, Anwendung der Chemie auf Industrie und Ackerbau, Dampfschifffahrt, Eisenbahnen, elektrische Telegraphen, Urbarmachung ganzer Weltteile, Schiffbarmachung der Flüsse, ganze aus dem Boden hervorgestampfte Bevölkerungen – welches frühere Jahrhundert ahnte, dass solche Produktionskräfte im Schoß der gesellschaftlichen Arbeit schlummerten.«

Doch nun stehe eine welthistorische Wende bevor, denn »die moderne bürgerliche Gesellschaft, die so gewaltige Produktions- und Verkehrsmittel hervorgezaubert hat, gleicht dem Hexenmeister, der die unterirdischen Gewalten nicht mehr zu beherrschen vermag, die er heraufbeschwor«. Weil es bei der Warenproduktion nicht um die Bedarfsdeckung der Menschen gehe, sondern um das Erzielen eines möglichst hohen Profits, müssten die Kosten, also auch die Löhne, möglichst niedrig gehalten werden. Dadurch fehle Kaufkraft und es komme zu »Überproduktionskrisen«. Die Bourgeoisie werde versuchen, neue Märkte zu erobern und die alten gründlicher auszubeuten. Aber die Folge wären nur weitere und noch heftigere Krisen, die schließlich zum Untergang der Bourgeoisie führten.

»Die Waffen, womit die Bourgeoisie den Feudalismus zu Boden geschlagen hat, richten sich jetzt gegen die Bourgeoisie selbst. Aber die Bourgeoisie hat nicht nur die Waffen geschmiedet, die ihr den Tod bringen; sie hat auch die Männer gezeugt, die diese Waffen führen werden – die modernen Arbeiter, die *Proletarier.*«

So, wie die Bourgeoisie ein Ergebnis des historischen Prozesses sei, sei es auch das Proletariat, »die Klasse der modernen Arbeiter, die nur so lange leben, als sie Arbeit finden, und die nur so lange Arbeit finden, als ihre Arbeit das Kapital vermehrt. Diese Arbeiter, die sich stückweise verkaufen müssen, sind eine Ware wie jeder andere Handelsartikel und daher gleichmäßig allen Wechselfällen der Konkurrenz, allen Schwankungen des Marktes ausgesetzt.

Die Arbeit der Proletarier hat durch die Ausdehnung der Maschinerie und die Teilung der Arbeit allen selbstständigen Charakter und damit allen Reiz für die Arbeiter verloren. Er wird ein bloßes Zubehör der Maschine, von dem nur der einfachste, eintönigste, am leichtesten erlernbare Handgriff verlangt wird. Die Kosten, die der Arbeiter verursacht, beschränken sich daher fast nur auf die Lebensmittel, die er zu seinem Unterhalt und zur Fortpflanzung seiner Rasse bedarf. Der Preis einer Ware, also auch der Arbeit, ist aber gleich ihren Produktionskosten. In demselben Maße, in dem die Widerwärtigkeit der Arbeit wächst, nimmt daher der Lohn ab. Noch mehr, in demselben Maße, wie Maschinerie und Teilung der Arbeit zunehmen, in demselben Maße nimmt auch die Masse der Arbeit zu, sei es durch Vermehrung der Arbeitsstunden, sei es durch Vermehrung der in einer gegebenen Zeit geforderten Arbeit, beschleunigten Lauf der Maschinen usw.

Die moderne Industrie hat die kleine Werkstube des patriarchalischen Meisters in die große Fabrik des industriellen Kapitalisten verwandelt. Arbeitermassen, in der Fabrik zusammengedrängt, werden soldatisch organisiert. Sie werden als gemeine Industriesoldaten unter die Aufsicht einer vollständigen Hierarchie von Unteroffizieren und Offizieren gestellt. Sie sind nicht nur Knechte der Bourgeoisie, des Bourgeoisstaates, sie sind täglich und stündlich geknechtet von der Maschine, von dem Aufseher und vor allem von den einzelnen fabrizierenden Bourgeois selbst …

Ist die Ausbeutung des Arbeiters durch den Fabrikanten so weit beendigt, dass er seinen Arbeitslohn bar ausgezahlt erhält, so fallen die anderen Teile der Bourgeoisie über ihn her, der Hausbesitzer, der Krämer, der Pfandleiher usw.

Die bisherigen kleinen Mittelstände, die kleinen Industriellen, Kaufleute und Rentiers, die Handwerker und Bauern, alle diese Klassen fallen ins Proletariat hinab, teils dadurch, dass ihr kleines Kapital für den Betrieb der großen Industrie nicht ausreicht und der Konkurrenz mit den größeren Kapitalisten erliegt, teils dadurch, dass ihre Geschicklichkeit von neuen Produktionsweisen entwertet wird. So rekrutiert sich das Proletariat aus allen Klassen der Bevölkerung.«

Aufgabe des Proletariats ist es nach Marx und Engels, die Herrschaft der Bourgeoisie zu beenden und damit die Klassengegensätze endgültig zu überwinden. Nachdem im Verlauf der Geschichte immer Minderheiten über Mehrheiten geherrscht hätten, verkörpere das moderne Proletariat die »ungeheure Mehrzahl« der Menschen. Wenn diese Mehrzahl nun selbst die politische Macht übernehme, bedeute das »die Erkämpfung der Demokratie«.

Es folgen im Kommunistischen Manifest zehn »Maßregeln«, die in den fortgeschrittensten Ländern angewandt werden sollten:

1. Expropriation [Enteignung] des Grundeigentums und Verwendung der Grundrente zu Staatsausgaben.
2. Starke Progressivsteuer.
3. Abschaffung des Erbrechts.
4. Konfiskation [Beschlagnahme]des Eigentums aller Emigranten und Rebellen.
5. Zentralisation des Kredits in den Händen des Staats durch eine Nationalbank mit Staatskapital und ausschließlichem Monopol.
6. Zentralisation des Transportwesens in den Händen des Staats.
7. Vermehrung der Nationalfabriken, Produktionsinstrumente, Urbarmachung und Verbesserung aller Ländereien nach einem gemeinschaftlichen Plan.
8. Gleicher Arbeitszwang für alle, Errichtung industrieller Armeen, besonders für den Ackerbau.
9. Vereinigung des Betriebs von Ackerbau und Industrie, Hinwirken auf die allmähliche Beseitigung des Unterschieds von Stadt und Land.
10. Öffentliche und unentgeltliche Erziehung aller Kinder. Beseitigung der Fabrikarbeit der Kinder in ihrer heutigen Form. Vereinigung der Erziehung mit der materiellen Produktion usw.

Mehr und Detaillierteres haben Marx und Engels über die Organisationsform der klassenlosen Gesellschaft nicht geschrieben.

Das »Manifest« endet mit folgenden Sätzen:

»Sind im Laufe der Entwicklung die Klassenunterschiede verschwunden und ist alle Produktion in den Händen der assoziierten Individuen konzentriert, so verliert die öffentliche Gewalt den politischen Charakter. Die politische Gewalt im eigentlichen Sinne ist die organisierte Gewalt einer Klasse zur Unterdrückung einer andern. Wenn das Proletariat im Kampfe gegen die Bourgeoisie sich notwendig zur Klasse vereint, durch eine Revolution sich zur herrschenden Klasse macht und als herrschende Klasse gewaltsam die alten Produktionsverhältnisse aufhebt, so hebt es mit diesen Produktionsverhältnissen die Existenzbedingungen des Klassengegensatzes, die Klassen überhaupt, und damit seine eigene Herrschaft als Klasse auf.

An die Stelle der alten bürgerlichen Gesellschaft mit ihren Klassen und Klassengegensätzen tritt eine Assoziation, worin die freie Entwicklung eines jeden die freie Entwicklung aller ist.«

Ob Marx und Engels mit einer Aufnahme in dieses Buch einverstanden gewesen wären, darf man bezweifeln. Doch weil sie mit der klassenlosen Gesellschaft eben doch die Utopie einer besseren Welt beschrieben haben, müssen sie hier vertreten sein. Ihre Schriften haben lange nachgewirkt und die Welt verändert. Im 20. Jahrhundert entstanden mehrere Staaten, die sich alle auf den Kommunismus und auf ihre Ideen beriefen. Der Traum von einer klassenlosen Gesellschaft ist selbst heute noch für viele reizvoll, einer Gesellschaft, in der allen die Produktionsmittel gehören, also die Fabriken und Maschinen, in der es kein Oben und Unten mehr gibt und das gemeinsam Erwirtschaftete gerecht aufgeteilt wird. Wirtschaftliche Auswüchse, wie wir sie heute kennen, Profitgier auf Kosten anderer, Lohndumping und eine klaffende Schere zwischen Gewinnern und Verlierern des wirtschaftlichen Systems wären dort unmöglich.

Die Realität des Kommunismus sah allerdings anders aus. Von der tatsächlichen Umsetzung der kommunistischen Idee spricht man heute als Realsozialismus. Den Sozialismus verstand man dabei als Übergangsform zum großen Ziel des kommunistischen Staates. Durchgesetzt wurde diese Idee durch gewaltsame Umstürze und Revolutionen in Ländern wie der UdSSR (Union der sozialistischen Sowjetrepubliken), in der Volksrepublik China oder in den sogenannten Ostblockstaaten wie der Tschechoslowakei, Polen oder Rumänien. In all diesen Staaten entstanden unter der Herrschaft kommunistischer Einheitsparteien Diktaturen. Freie Meinungsäußerung war nicht möglich, Kritiker der Regime wurden diskriminiert, bespitzelt, verfolgt, in Gefängnisse gesperrt und in einigen Ländern brutal ermordet. Nicht der Volkswille und auch nicht der Wille der großen Mehrheit der Arbeiter und Bauern, des von Marx und Engels viel beschworenen Proletariats, zählte in diesen Ländern, sondern die Stimme der Funktionäre der kommunistischen Parteien, die die Macht im Staat übernommen hatten. Auch das wirtschaftliche System des Kommunismus scheiterte in seiner Umsetzung. Die in den sozialistischen Staaten eingeführte Planwirtschaft, nach der staatlich genau festgesetzt wurde, welche Produkte in welchen Mengen produziert werden sollten, führte die Länder in den wirtschaftlichen Bankrott.

In den 1990er Jahren kam es durch eine friedliche Revolution und Reformen zum Untergang der real existierenden sozialistischen Länder. In Deutschland gehörte die DDR nach 40 Jahren Bestehen der Geschichte an.

Die Bilanz des Kommunismus fällt verheerend aus. Er brachte unzählige Tote, unzählige Opfer hervor. Die Zeit der großen Ideologien ist mit dem Kommunismus ebenso untergegangen wie die meisten Staaten, die sich ihm verschriebenen hatten. Nicht untergegangen ist der Traum von einer besseren Welt, für den wir uns nach wie vor einsetzen sollten.

H. G. Wells

Vollkommene Menschen im vollkommenen Staat

Als Herbert George Wells 1866 geboren wurde, waren die negativen Auswirkungen der Industrialisierung in England schon überdeutlich. Seine Eltern gehörten zwar nicht zum Proletariat, mussten aber immer kämpfen, um über die Runden zu kommen und gesellschaftlich nicht abzusteigen. Vor der Heirat hatte die Mutter als Hausmädchen gearbeitet, der Vater hatte sein Geld als Kricketspieler und Gärtner verdient. Nach der Heirat eröffneten sie einen Laden für Kricketausrüstungen, Porzellan und Kleinwaren. Der ziemlich erfolgreiche Kricketspieler Joseph Wells war ein ziemlich erfolgloser Kaufmann; der Laden brachte nicht genug zum Leben ein, sodass Sara Wells wieder als Hausmädchen arbeiten und etwas dazuverdienen musste.

Im Alter von acht Jahren brach sich »Bertie«, wie Herbert George genannt wurde, ein Bein. »Dieser Sturz war eines der glücklichsten Ereignisse in meinem Leben«, schrieb er in seiner Autobiografie. Denn in den vielen Wochen, die er bettlägerig war, wurde er zum Leser. Am liebsten las er Reiseliteratur, Abenteuer- und Kriegsgeschichten und fantasierte sich mit ihnen in andere Welten.

Nach der Schulzeit wollte die Mutter ihren Bertie trotz der finanziellen Probleme nicht einfach irgendetwas arbeiten lassen, um Geld zu verdienen; nein, er sollte einen richtigen Beruf erlernen. Mit vierzehn begann H. G. Wells eine Lehre als Tuchhändler. Doch weil er zu verträumt war und vieles falsch machte, schickte ihn sein Lehrherr schon nach einem Monat nach Hause. Im Januar 1881 bekam der Junge eine Stelle als Apothekergehilfe, und wieder musste er nach nur einem Monat gehen. Im April desselben Jahres versuchte er es noch einmal als Lehrling im Tuchhandel. Die Arbeitszeit betrug dreizehn Stunden täglich, die Bezahlung war schlecht, die Unterkunft unwürdig und der Tuchhändler ein autoritärer Chef. Doch der 14-jährige Bertie tat alles, um nicht wieder auf der Straße zu landen und seine Eltern, vor allem seine Mutter, erneut zu enttäuschen. Später nannte er diese Zeit »die unglücklichste und hoffnungsloseste Periode meines Lebens«, in der er sogar an Selbstmord gedacht hatte. Ein Biograf vermutet, Wells habe diese schwierige Zeit nur dank seiner »kompensatorischen Tagträume« überlebt: In seiner Fantasie entwarf er ein besseres Leben in einer besseren Welt und konnte so dem bedrückenden Leben wenigstens gedanklich entfliehen. Zwei Jahre hielt er durch, dann ertrug er die eintönige Arbeit und den Chef nicht mehr.

Herbert George Wells wollte nicht Tuchhändler werden, er wollte etwas tun, das seinen Interessen und Fähigkeiten entsprach. Vor allem aber wollte er mehr über »Gott und die Welt« wissen. Also ging er noch einmal zur Schule, und nun wendete sich das Blatt.

Weil er seinen Lehrern an der *Grammar School in Midhurst* bald sehr positiv auffiel, bekam er schon nach einem Schuljahr eine Stelle als Hilfslehrer. Wieder ein Jahr später erhielt der inzwischen 18-Jährige ein Stipendium für die *Normal School of Science* in London. Drei Jahre studierte er Naturwissenschaften, unter anderem Biologie bei Professor Thomas H. Huxley, einem entschiedenen Vertreter der Darwin'schen Evolutionstheorie. Über ihn schrieb Wells später: »Huxley war der größte Mensch, den ich je traf, und ich glaube das heute immer noch. Das Jahr in seinem Unterricht war für mich völlig fraglos das wichtigste Jahr in meiner Erziehung.«

Nach dem Studium unterrichtete Wells an verschiedenen Schulen und begann nebenher wissenschaftliche Artikel und Erzählungen zu schreiben. Dabei beschäftigte er sich oft mit der Evolution und der weiteren Entwicklung des Menschen.

1895 erschien sein Roman »Die Zeitmaschine« erstmals in Buchform und machte ihn schnell berühmt. Wells erzählt darin von einer Reise in die Zukunft, die mit einer Zeitmaschine stattfindet. Dabei kritisiert er die gesellschaftlichen Zustände in England. Schon drei Jahre später erschien sein bekanntestes Buch »Krieg der Welten«, das bis heute mehrfach verfilmt wurde, zuletzt 2005 sehr aufwendig von Steven Spielberg.

Auch in vielen folgenden Romanen (darunter einigen utopischen), Erzählungen, Essays und in ungezählten Artikeln für Journale und Zeitungen setzte sich Wells mit den Folgen der Industrialisierung auseinander. Er verdammte Technik und Industrie keineswegs, war jedoch weit von dem technologischen Zukunftsoptimismus eines Étienne Cabet entfernt.

Nach den Erfahrungen im Ersten Weltkrieg entwarf Wells 1923 in dem Roman »Menschen, Göttern gleich« ein neues Utopia. Es war für lange Zeit die letzte Utopie, die Schriftsteller entworfen haben. Mit viel Fantasie siedelt Wells seinen Idealstaat nicht einfach auf einer unbekannten Insel oder in einem fernen Land an, sondern lässt sich etwas ganz Neues einfallen: Er schreibt einen Science-Fiction-Roman, der sich noch dazu spannender liest als alle Texte früherer Utopisten.

Die Hauptperson des Romans ist Mr. Bernstaple, ein englischer Provinzjournalist, der sich von seiner Familie und seinem Chef Mr. Peeve genervt fühlt und beklagt, dass alles wächst und steigt, nur sein Gehalt nicht. »Bernstaple neigte von Natur aus zu bescheidenen Hoffnungen und zu Fortschrittsglauben, aber Mr. Peeve hielt hartnäckig daran fest, dass es um mindestens sechs Jahre zu spät sei, an einen Fortschritt zu glauben, und dass der Liberalismus bestenfalls auf ein baldiges Jüngstes Gericht hoffen könne … Schon in normalen Zeiten wäre es schwer genug gewesen, mit Mr. Peeve zusammenzuarbeiten, aber die Zeiten waren nicht normal. Sie waren erfüllt von unangenehmen Begebenheiten, die seine trübseligen Ahnungen nur zu berechtigt erscheinen ließen: überall Konflikte, überall Unvernunft. Sieben Achtel der Welt schienen in chronischer Auflösung zu verfallen. Sogar ohne Mr. Peeve wäre es schwer genug gewesen, den Ereignissen die Stirn zu bieten.«

Mr. Bernstaple findet, dass er unbedingt ausspannen muss, nicht nur übers Wochenende, nein, er braucht Urlaub, fernab von allem, was ihn bedrängt. »Er hatte das starke Bedürfnis, von seiner Familie fort, irgendwohin zu gehen, wo er in Ruhe mit Stolz und Liebe an seine Angehörigen denken konnte, ohne von ihnen gestört zu werden. Und ebenso wünschte er dringend, für einige Zeit von Mr. Peeve loszukommen.«

Mit viel Geschick und einigen Tricks schafft Bernstaple es schließlich, sich ohne Abschied davonzumachen, setzt sich in seinen Wagen und fährt los »mit einem Gefühl der Freiheit, wie er es seit seinen ersten Schulferien nicht mehr empfunden hatte«. Er hat keine Ahnung, wohin er fährt. »Aber das machte nicht viel aus. Jeder Weg führte nach Irgendwohin.«

Unterwegs wird er von einem großen Tourenwagen und einer schnellen Limousine überholt. In beiden scheinen vornehme Herrschaften zu sitzen. Mr. Bernstaple ärgert sich ein wenig und drückt aufs Gaspedal. Die feinen Pinkel sollen ja nicht glauben, die Straße gehöre ihnen. Als er um eine Kurve biegt, liegt vor ihm eine lange schnurgerade Straße; sie ist leer, völlig leer. Keine Spur von dem Tourenwagen und der Limousine. Während er noch überlegt, wohin die Wagen verschwunden sein könnten, beginnt sein eigenes Auto plötzlich zu schleudern. Mr. Bernstaple verliert die Orientierung und hört einen eigenartigen Ton. Als sich alles wieder beruhigt hat, traut Bernstaple seinen Augen nicht: »Diese Straße war vollkommen verschieden von derjenigen, auf der er sich noch vor einer halben Minute befunden hatte. Die Hecken waren verwandelt, die Bäume waren verändert. Windsor Castle war verschwunden, und – eine kleine Entschädigung – die große Limousine war wieder in Sicht. Sie stand am Rand der Straße, ungefähr zweihundert Meter entfernt.«

Mr. Bernstaple nähert sich ihr langsam und erkennt im Wagen

Cecil Burleigh, den Führer der Konservativen Partei in England, und Rupert Catskill, den Staatssekretär im Kriegsministerium.

»Mein Herr, können Sie mir sagen, wo wir eigentlich sind?«, fragt Mr. Burleigh.

Das kann Mr. Bernstaple natürlich nicht, weil er genauso ratlos ist wie die vornehmen Herrschaften. Sie schauen sich um und entdecken ein zusammengestürztes, noch brennendes Haus unweit der Straße. Dort finden sie einen toten Mann und ein totes Mädchen, beide nur spärlich bekleidet und beide wunderschön, noch im Tod. Alle sind sich einig, niemals zuvor so schöne Menschen gesehen zu haben.

Mr. Burleigh bringt auf den Punkt, was alle denken: »Diese Welt, in der wir jetzt sind, ist nicht unsere Welt ... Wir sind hier in einer Welt, die in gewisser Beziehung der unseren ähnlich ist und in gewisser Beziehung nicht. Auf irgendeine Weise muss sie mit unserer Welt in Zusammenhang stehen, sonst wären wir nicht hier. Aber was für eine Verknüpfung das sein kann, ist für mich, ich gestehe es, ein unenthüllbares Geheimnis.« Für Mr. Burleigh, einen »Mann von umfassender Bildung«, gibt es nur eine Erklärung: Wir sind in Nirgendwo »oder, wenn Sie den griechischen Ausdruck vorziehen, wir sind in ›Utopia‹ «. Dass dieses Utopia nicht auf der Erde liegt, steht für alle fest. Sie sind in einer anderen Zeit, in einem anderen Universum.

Während sie noch überlegen, was sie jetzt tun sollen, tauchen »zwei vollkommene Apollogestalten« auf und wollen wissen, wie sie in diese Welt gekommen sind.

Mr. Burleigh antwortet, sie seien Erdbewohner und hätten keine Ahnung, wie sie hierhergekommen seien. Jedenfalls hätten sie keine bösen Absichten.

Wenig später landen zwei Flugzeuge. Aus einem steigt eine wunderschöne Frau. Sie sagt den verdutzten Erdlingen, man bringe sie jetzt an einen anderen Ort, um einiges mit ihnen zu besprechen. Aus dem Flugzeug sehen sie Utopia von oben: »Es gab wenig Häuser und gar keine Städte oder Dörfer. Die Größe der Häuser wechselte sehr stark, von kleinen einzelstehenden Bauten bis zu Gruppen von Dächern und Türmchen, die an ländliche Herrensitze erinnerten oder den Eindruck von ausgedehnten landwirtschaftlichen Anlagen machten. Hier und da arbeiteten Leute auf den Feldern oder bewegten sich hin und her zu Fuß oder auf Maschinen; aber der Gesamteindruck war der eines sehr dünn besiedelten Landes.«

In einem Pavillon werden die Erdlinge abgesetzt. Als sie unter sich sind, fragt Mr. Bernstaple: »Wie kommt es, dass diese Leute Englisch mit uns sprechen – modernes Englisch?«

»Daran habe ich noch gar nicht gedacht. Es ist tatsächlich eher unglaublich. Sie sprachen doch nicht Englisch untereinander.«

Plötzlich wird Mr. Bernstaple etwas bewusst: »Sie sprechen in überhaupt keiner Sprache miteinander«, sagt er. »Und wir haben das bis zu diesem Augenblick gar nicht bemerkt.«

Wells wäre nicht der große Science-Fiction-Autor, wenn er für diesen Sachverhalt nicht eine originelle Lösung anzubieten hätte: Die Utopen sprechen nicht, sie denken direkt miteinander. »Wenn ich zu Ihnen denke«, erklärt einer, »so wird der Gedanke von Ihrem Kopf reflektiert, sofern er entsprechende Gedanken und passende Worte in Ihrem Geist vorfindet. Mein Gedanke kleidet sich in Ihrem Geist in Worte, die Sie zu hören glauben – und natürlicherweise in Ihrer eigenen Sprache und in dem Ihnen geläufigen Satzbau.«

Nur so ist es möglich, dass sich die Erdlinge und die Utopen von Anfang an verständigen können.

Auch für die Frage, wie Mr. Bernstaple und Co. von der Erde nach Utopia gelangen konnten, hat sich Wells eine originelle Antwort ausgedacht: Ein Utope namens Serpentin erklärt, es gäbe eine große Zahl von Universen, die einander ähnlich seien. Und diejenigen, die am nächsten beieinanderlägen, ähnelten einander am meisten. Die beiden Toten seien Genies gewesen und hätten mit der Kraft von Atomen versucht, einen Weg zu anderen Universen zu bahnen. »Unser Bruder und unsere Schwester wurden durch eine unerwartete

Entfesselung von Kräften getötet, aber ihr Experiment hat einen Weg eröffnet aus den gegenwärtigen räumlichen Grenzen Utopias hinaus in einen unermesslichen Raum voll bisher unvorstellbarer Welten.« Ein Nebeneffekt der Explosion sei gewesen, dass »ein Schwall dumpfer Luft, ein Sturm von Staub«, einige Bewohner des Nachbarplaneten mitgebracht habe.

Nachdem das alles geklärt ist, fasst Serpentin zusammen: Auf dem Planeten Erde herrschen ähnliche Bedingungen wie in Utopia; beide werden von vernunftbegabten Wesen gestaltet. »Diese Schwesterwelt ist, soweit wir nach dem Anschein urteilen können, im Verhältnis zu uns ein wenig zurückgeblieben. Unsere Besucher tragen etwas, das wie Kleider aussieht, und zeigen physische Eigenschaften, ähnlich denen unserer Vorfahren im letzten Zeitalter der Verwirrung.«

»Zeitalter der Verwirrung« – dieser Begriff taucht noch öfter auf, und jedes Mal wird deutlicher, dass die Zustände, die damals in Utopia herrschten, denen auf der Erde im frühen 20. Jahrhundert auffallend glichen. Im »Zeitalter der Verwirrung wurde der kleine Mann von der Wiege bis zum Grab durch Elend und Unterwerfung gehetzt; er wurde beschwatzt, belogen, gekauft, verkauft und beherrscht von einer schamlosen Minderheit, die kühner und zweifellos tatkräftiger, aber in keiner anderen Hinsicht besser war als er selbst.« Die mächtigen Männer scheuten nicht einmal davor zurück, Kriege anzuzetteln, wenn sie sich davon Vorteile für sich und ihr Land erhofften. »Ein Krieg, der nahezu den ganzen Planeten in Mitleidenschaft zog, brachte das schwache Finanzsystem und die Wirtschaftmaschinerie aus den Fugen, sodass keine Möglichkeit bestand, sie wieder in Ordnung zu bringen. Bürgerkriege und unüberlegte Versuche einer sozialen Revolution setzten das Werk der Desorganisation fort. Die Produktion schrumpfte fast auf den Nullpunkt. Der angehäufte Wohlstand schwand dahin … Utopia war auf dem Weg zurück in ein neues Mittelalter.«

»Es ist wirklich wie eine düstere Diagnose unserer eigenen Aussichten«, sagte Mr. Burleigh, »außerordentlich ähnlich.« Und als führenden Politiker seines Landes interessiert ihn natürlich brennend, wie Utopia aus diesem Tal herauskam und zu neuen Höhen emporsteigen konnte.

Immer mehr Leute hätten begriffen, dass angesichts der gewaltigen wissenschaftlichen und technischen Möglichkeiten die alten Auffassungen vom Zusammenleben der Menschen und Staaten nicht mehr tragbar gewesen seien. »Neue Ideen und neue Vereinbarungen für das menschliche Zusammenleben taten not, wenn die Menschheitsgeschichte nicht in Auflösung und völligem Zusammenbruch enden sollte.«

Das Grundübel der alten Gesellschaften schien der ständige Kampf um Eigentum zu sein. »Wir stellten fest, dass Privateigentum – außer an ganz persönlichen Dingen – eine unerträgliche Plage der Menschheit ist. Wir schafften es ab.«

Der Mensch sollte nicht mehr egoistisch nach Eigentum streben, sondern seine Fähigkeiten in den Dienst der Gemeinschaft stellen. »Vorschläge, die man in früheren Zeiten für einen begeisterten und überschwänglichen Idealismus gehalten« und belächelt hatte, wurden nun zur Grundlage des Handelns.

Die neue utopische Gesellschaft entstand aber nicht durch eine Revolution, »sondern durch ein allmähliches Hellerwerden, ein Aufdämmern neuer Ideen, durch welche die alte Ordnung immer mehr an Kraft und an Bedeutung verlor, bis man es als eine Sache des gesunden Menschenverstandes ansah, Neues an die Stelle des Veralteten zu setzen«. Dieser Prozess dauerte Jahrhunderte und verlangte viele Opfer. »Ehe der wissenschaftliche Staat in Utopia errichtet war, wurden mehr als eine Million Märtyrer dafür getötet, und zahllos waren diejenigen, die in anderer, wenn auch geringerer Weise dafür gelitten haben. Eine Position nach der anderen wurde erobert, im Erziehungswesen, in der sozialen Gesetzgebung, im Wirtschaftsleben. Ein bestimmtes Datum für die eingetretene Veränderung kann nicht festgestellt werden; aber es kam eine Zeit, da Utopia gewahr wurde, dass es Tag sei und dass eine neue Weltordnung die alte ersetzt habe.«

Zwei Bereiche haben wesentlich dazu beigetragen, dass diese neue Welt entstehen konnte: das Erziehungswesen und die Eugenik. Unter Eugenik verstand man, durch »gute Zucht« den Anteil positiv bewerteter Erbanlagen zu vergrößern. Mithilfe neuer Erkenntnisse und Methoden gelang es, die Menschheit langsam zu veredeln, sowohl körperlich als auch intellektuell. »Seit Jahrhunderten ist nun die utopische Wissenschaft fähig, Geburten zu beeinflussen, und fast jeder jetzt lebende Utope hätte in früheren Tagen als tatkräftiger, schöpferischer Geist einen hohen Rang eingenommen. Es gibt wenig Dumme und keine wirklich behinderten Leute in Utopia. Die Müßiggänger, die Schlafmützen und die Leute mit schwacher Einbildungskraft sind meistens ausgestorben. Der Melancholiker hat seinen Abschied genommen und ist gegangen. Boshafte Charaktere sind im Verschwinden. Die weitaus größte Mehrzahl der Utopen ist aktiv, warmherzig, erfinderisch, empfänglich und gut gelaunt.«

Das ist gelungen, weil nicht jede mit jedem sozusagen wahllos Kinder zeugen durfte und darf. Frauen und Männer sind zwar frei in ihrer Partnerwahl, aber fortpflanzen dürfen sie sich nur, wenn aus eugenischen Gesichtspunkten nichts dagegenspricht. Jedes Kind in Utopia ist also »gut geboren und von vollkommen gesunden Eltern gezeugt«. Die Erziehung liegt dann aber hauptsächlich »in den Händen von Pflegerinnen und Lehrern«. Sie kümmern sich in optimal ausgestatteten Einrichtungen um den Nachwuchs. Die Eltern sind in der Nähe und bei Bedarf für ihre Kinder da. Von denen werden alle negativen Einflüsse »ebenso sorgsam wie infektiöse Krankheiten und physische Leiden ferngehalten. Mit acht oder neun Jahren sind die Grundlagen des utopischen Charakters gefestigt: die Gewöhnung an Reinlichkeit, Wahrheit, Offenherzigkeit, Hilfsbereitschaft, Vertrauen zur Welt, Furchtlosigkeit und ein Gefühl der Verantwortung für die großen Ziele der Menschheit«.

Neben diesen Charaktereigenschaften erwerben die Kinder und

Jugendlichen eine umfassende Bildung. Dazu kommt noch etwas Besonderes: »Jeder junge Utope muss fünf Grundsätze der Freiheit lernen, ohne die eine Zivilisation unmöglich ist.«

Erster Grundsatz: Unantastbarkeit der Privatsphäre. Niemand darf darin schnüffeln. Die öffentliche Verwaltung muss persönliche Angelegenheiten und Daten vertraulich behandeln und darf sie nur mit dem Einverständnis der Bürger benutzen.
Zweiter Grundsatz: Bewegungsfreiheit. Jeder Bürger kann an jeden beliebigen Ort des Planeten reisen. Alle Transportmittel stehen ihm dafür zur freien Verfügung.
Dritter Grundsatz: Unbeschränktes Wissen. Das gesamte Wissen Utopias steht jedem Utopen zur Verfügung. Nichts ist geheim, nichts wird verborgen gehalten und nichts falsch dargestellt.
Vierter Grundsatz: Wahrheit. Die Lüge ist das schlimmste Verbrechen. Auch ungenaue Darstellungen von Tatsachen sind schon Lügen.
Fünfter Grundsatz: Freie Diskussion und Kritik. Jeder Utope kann zu allem ungehindert seine Meinung sagen oder schreiben und alles kritisieren, vorausgesetzt, er lügt nicht.

Viel mehr als das Erziehungssystem interessiert die beiden Politiker, wie Utopia regiert und verwaltet wird. »Was für eine Regierungsform haben Sie«, fragte Mr. Burleigh, »Monarchie, Autokratie oder reine Demokratie? Trennen Sie die Exekutive von der Legislative? Und gibt es eine Zentralregierung für Ihren ganzen Planeten, oder gibt es verschiedene Regierungszentren?«

Ein Utope namens Urthred erklärt ihnen, dass es in Utopia überhaupt keine Regierung gibt. Notwendige Entscheidungen würden jeweils von denen getroffen, die am meisten von der Sache verstünden.

Das können die beiden Politiker kaum fassen.

»Und Sie haben nicht einmal ein Parlament?«, fragt der Führer der Konservativen Partei Englands.

»Utopia hat kein Parlament, keine Politik, keinen privaten Reichtum, keine Geschäfts-Konkurrenz, keine Polizei oder Gefängnisse, keine Irren, keine Unterentwickelten, keine Krüppel, und es hat nichts von alledem, weil es Schulen und Lehrer besitzt, wie man sie sich nur wünschen kann. Politik, Handel und Konkurrenz sind Anpassungsmethoden einer unreifen Gesellschaft. Solche Anpassungsmethoden sind in Utopia schon seit mehr als tausend Jahren beseitigt worden. Erwachsene Utopen brauchen weder Gesetze noch eine Regierung über sich, denn alles, was sie an Regierung und Führung benötigen, haben sie schon im Kindheitsalter und in der Jugend empfangen.«

Nachdem sie all das und noch einiges mehr gehört haben, fasst Mr. Burleigh zusammen: »Wenn ich Sie nicht ganz missverstanden habe, so geht jeder als Diener des Staates seinen eigenen Geschäften nach. Ich nehme an, dass eine große Anzahl Leute – Sie müssen mich verbessern, wenn ich etwas Unrichtiges sage – mit der Erzeugung, der Verteilung und der Zubereitung von Nahrungsmitteln beschäftigt ist; diese Leute erforschen, vermute ich, die Bedürfnisse der Welt, sie befriedigen sie, und sie haben ihre eigenen Regeln, nach denen sie handeln. Sie stellen Forschungen an, sie machen Experimente. Sie sind niemandem verpflichtet, niemand zwingt sie, stört sie, hindert sie. Und wieder andere erzeugen, bearbeiten und studieren Metalle für die ganze Bevölkerung und haben gleichfalls ihre eigenen Regeln. Andere wieder sorgen für die Wohnlichkeit ihrer Welt, planen und errichten diese reizenden Wohnstätten, bestimmen, wer sie benutzen soll und wie sie benutzt werden sollen. Andere widmen sich der reinen Wissenschaft. Andere experimentieren im Bereich der Empfindungen und Vorstellungskraft und sind Künstler. Andere wieder lehren … Und sie alle tun es in Harmonie, jeder an seinem Platz, ohne zentrale Gesetzgebung, ohne Exekutive.

Ich will zugeben, dass mir dies alles bewundernswert erscheint – aber unmöglich.«

Urthred lächelt nur, als wolle er sagen: Ihr seht doch, dass es möglich ist.

Hier könnte die Geschichte zu Ende sein, aber sie ist es noch längst nicht, weil H. G. Wells eben nicht nur eine utopische Welt vorführen, sondern einen spannenden Roman schreiben wollte. Also lässt er sich für den zweiten Teil eine dramatische Wende einfallen.

Mr. Catskill hält die Utopen für verweichlicht und degeneriert. Und er scheint recht zu bekommen. In Utopia bricht eine Epidemie aus, weil die Erdlinge neue Krankheitserreger eingeschleppt haben.

»Sagte ich nicht, die Natur sei auf unserer Seite? Sagte ich das nicht?«, fragt Mr. Catskill triumphierend.

Die Erdlinge werden auf eine abgelegene alte Burg in Quarantäne gebracht. Mr. Catskill schlägt vor, bei nächster Gelegenheit eine Geisel zu nehmen und dann den Utopen Bedingungen zu stellen. Mr. Bernstaple, für den Utopia ein Paradies ist, fühlt sich hin- und hergerissen. »Es schienen ihm jetzt nur zwei Möglichkeiten offenzustehen: Entweder würden sich die Utopen als stärker und klüger erweisen und er mitsamt seinen Räubergenossen würden zermalmt und getötet werden wie Ungeziefer, oder der wahnwitzige Ehrgeiz Mr. Catskills würde sich durchsetzen, und sie würden im reinen Körper dieser edlen Zivilisation zu einem sich ausbreitenden Geschwür werden, eine Bande von Räubern und Zerstörern, die Utopia von Jahr zu Jahr und von Generation zu Generation wieder in irdische Lebensbedingungen hineinstießen.«

Mr. Bernstaple entscheidet sich für Utopia und vereitelt die Geiselnahme. Es gelingt ihm, vor seinen Landsleuten zu fliehen und sich nach einer lebensgefährlichen Klettertour auf einem Felsvorsprung zu verstecken. »An der Rückwand gab es wohl ein Wasserrinnsal, aber keine Nahrung. Nicht einmal ein Grashalm, an dem er hätte nagen können. Wenn er es nicht vorzog, sich in die Schlucht hinabzustürzen, dann musste er Hungers sterben.«

Aber Wells lässt seinen Helden nicht sterben. Die Utopen retten ihn, er bleibt noch einige Zeit in Utopia und kommt irgendwann zu folgendem Schluss: »Ich beginne den Alltag dieser Welt zu verstehen. Es ist das Leben von Halbgöttern, ganz frei, stark individualisiert, jeder folgt seiner persönlichen Neigung, jeder trägt zu den großen Zielen des Volkes bei. Es ist nicht nur rein in seiner Nacktheit, sanft und lieblich, sondern voll persönlicher Würde. Es ist, wie ich sehe, praktisch ein Kommunismus, der planmäßig lange Jahrhunderte durch Erziehung, Disziplin und sozialistische Vorbereitung zum Höhepunkt geführt wurde. Ich hatte niemals früher gedacht, dass der Sozialismus das Individuum erhöhen und veredeln könnte. Aber jetzt sehe ich es deutlich, dass hier die Probe aufs Exempel gemacht wurde …

Nach einer solchen Welt, wie es dieses Utopia war, hatte Mr. Bernstaple sein ganzes Leben hindurch mit schwachen Kräften gestrebt. Wenn der Versuch, der vor ihm lag, glückte, wenn er sich lebend auf der Erde wiederfände, würde es Utopia sein, auf das sein Lebensziel gerichtet wäre. Und er wäre nicht allein. Auf der Erde musste es Tausende, Zehntausende geben, die in ihrem Sinne und in ihren Taten ebenso kämpften, um einen Weg zur Flucht aus der Unordnung und Unwürdigkeit des Zeitalters der Verwirrung für sich und ihre Kinder zu finden, Hunderttausende, die den Kriegen ein Ende setzen wollten, um zu heilen, zu erziehen und aufzubauen, um das Banner Utopias zum Sieg über die Lügen und die Zwietracht der Menschheit zu führen.«

Der Versuch zurückzukehren glückt, und Mr. Bernstaple findet sich wenig später »keine hundert Meter« von der Stelle entfernt, wo er die Erde verlassen hat. Zu Hause möchte sein Frau wissen, wo er einen ganzen Monat lang gewesen sei. Er habe sich erholen müssen, fernab von allen irdischen Dingen, antwortet er ausweichend.

Sie beobachtet ihn aufmerksam und bemerkt einige Veränderungen. »Du siehst glänzend aus. Ich habe deine Stirn niemals so klar und gebräunt gesehen … Ich weiß, Alfred, es klingt lächerlich, aber du bist größer geworden. Es ist nicht nur, weil du deine gebückte Haltung verloren hast. Oh, du bist gewachsen – mindestens fünf Zentimeter.«

Beide wissen, dass das eigentlich nicht sein kann. Trotzdem sagt

Mr. Bernstaple: »Ich fühle mich gewachsen, inwendig und auswendig! Leib und Seele.«

Seine Frau beobachtet ihn immer noch und sagt: »Du musst mich einmal dorthin bringen. Ich sehe, dass es dir unendlich gutgetan hat.«

H. G. Wells beschrieb in mehreren utopischen Romanen eine bessere Welt. Wie alle seine Vorgänger hatte er den Wunsch, die Wirklichkeit möge sich dem Ideal wenigstens annähern. Seinen Teil wollte er als engagierter Bürger dazu beitragen. Große Hoffnungen setzte er nach der Oktoberrevolution von 1917 auf die junge Sowjetunion unter sozialistischer Führung. Deswegen forderte er die Menschen im Westen immer wieder dazu auf, das sozialistische Experiment zu unterstützen. 1920 *traf er sich mit Lenin zu einem langen Gespräch. Darüber schreibt sein Biograf Elmar Schenkel: »Die Frage ist, wieweit die Vergangenheit zerstört werden muss, um der Zukunft Raum zu geben. Als Engländer mit einer langen parlamentarischen Vergangenheit votiert Wells für die allmähliche Ersetzung des Alten durch das Neue. Das Zauberwort heißt Erziehung,* education. *Durch Erziehung, meint Wells, könne ›das kapitalistische System in ein kollektives Weltsystem* hineinzivilisiert *werden‹. Für Lenin ist der Kapitalismus grundfalsch und daher grundgefährlich; deshalb muss er mit allen Wurzeln, radikal also, entfernt werden. Aus dem Kapitalismus kann nichts Gutes, schon gar kein Weltstaat erwachsen.«*

Wells hatte eine Vision: Er wollte die besten Elemente der beiden Systeme zu einem sozialistischen Weltstaat vereinen. Doch daran waren die herrschenden Kräfte auf beiden Seiten nicht interessiert. Angeregt durch politische Erfahrungen hat er den Roman »Menschen, Göttern gleich« geschrieben und seinen sozialistischen Staat nicht nur in die Zukunft, sondern auch in ein anderes Universum verlegt. Dort ist die bessere Welt schneller und reibungsloser zu verwirklichen.

Wells hat lange mit dem ersten sozialistischen Staat sympathisiert, auch noch zu Zeiten Stalins, mit dem er sich 1934 traf. Doch irgendwann wurde ihm klar, dass vieles, was in der Sowjetunion geschah, nicht zu seinen Vorstellungen eines Sozialismus passte. Daraus zog er Konsequenzen und distanzierte sich von der stalinistischen Politik. Dennoch blieb H. G. Wells ein engagierter Mann, der sich bis ins hohe Alter als Bürger und Schriftsteller in die Politik einmischte.

Aldous Huxley

Darf der Mensch alles machen, auch neue Menschen?

Zweiunddreißig Jahre nach H. G. Wells, am 26. Juli 1894, wurde Aldous Leonard Huxley in Godalming/Surrey geboren.

In dieser Zeit gab es zwischen den industrialisierten Staaten einen regelrechten Wettlauf um die Aufteilung der Welt, weshalb man vom »Zeitalter des Imperialismus« spricht. Der britische Kolonialpolitiker Cecil Rhodes hatte 1877 geschrieben: »Ich behaupte, dass wir die erste Rasse in der Welt sind und dass es für die Menschheit umso besser ist, je größere Teile der Welt wir bewohnen.« Dieses Denken gab es auch in anderen Ländern, doch dank seiner starken Flotte blieb Großbritannien noch für lange Zeit die führende Kolonialmacht. Kein anderes Land hatte mehr Staaten besetzt und dem eigenen Staatsgefüge einverleibt. Australien und Neuseeland gehörten ebenso zum britischen Weltreich wie einige Teile der anderen Pazifikinseln. Den Rest dieser Inseln teilten sich Holland, Frankreich und Portugal.

Nachdem Amerika, Asien und Ozeanien aufgeteilt waren, blieb schließlich nur noch Afrika als Beute für die Großmächte. Bis zur Jahrhundertwende war der Kontinent weitgehend in europäischen Händen. Gerechtfertigt wurde die Inbesitznahme des zweitgrößten Kontinents der Erde mit pseudowissenschaftlichen Lehren über die angebliche Minderwertigkeit der schwarzen Bevölkerung. Ihr wolle man Kultur und Zivilisation bringen, so behaupteten die Weißen. Tatsächlich ging es ihnen um Rohstoffe und Bodenschätze, um Macht und Geld. Die einheimische afrikanische Bevölkerung wurde missbraucht und gedemütigt, ihre Arbeitskraft wurde ausgenutzt.

In Europa selbst sah England seine führende Rolle durch das stark expandierende Deutsche Reich bedroht. Dort ließ der junge Kaiser Wilhelm II. eine mächtige Schlachtflotte bauen, um deutsche Interessen in der Weltpolitik besser durchsetzen zu können. England hielt dagegen und rüstete seine Flotte mit gewaltigen Großkampfschiffen auf. Auch die anderen europäischen Staaten schauten dem deutschen »Säbelrasseln« nicht tatenlos zu. Dieser Rüstungswettlauf und ein übersteigerter Nationalismus machten Europa zu einem Pulverfass, das schon beim kleinsten Funken explodieren konnte.

Während dieser Krisenzeit in der großen Welt erlebte Aldous Huxley in seiner kleinen Welt eine behütete Kindheit. »Man brachte ihm in der Familie Ermutigung und Sympathie entgegen; er hatte seinen Spaß und genoss die stimulierende Gegenwart seiner geistreichen älteren Brüder; ihm wurde Geborgenheit, Zuneigung und Liebe zuteil«, schreibt eine Biografin. In der angesehenen und gebildeten Familie förderte man den heranwachsenden Aldous vielseitig. Doch im Alter von 13 Jahren wurde er jäh aus der Geborgenheit gerissen: Seine Mutter starb an Krebs, und ihr Tod machte dem Jungen sehr zu schaffen. Drei Jahre später erkrankte er am Auge, wodurch sein Sehvermögen stark eingeschränkt wurde; fortan lebte er mit der Angst, blind zu werden. Und im August 1914, nach dem Beginn des Ersten Weltkriegs, nahm sich sein Bruder Treveren das Leben. All diese Schicksalsschläge überstand Aldous Huxley. Sein Augenleiden hatte sogar etwas Gutes: Es bewahrte ihn vor dem Kriegsdienst; es verhinderte aber auch ein naturwissenschaftliches Studium. So studierte er englische Literatur und Philosophie in Oxford und schloss das Studium 1916 mit einem ausgezeichneten Examen ab. Anschließend unterrichtete er unter anderem in Eton, wo George Orwell einer seiner Schüler war. Im Juli 1919 heiratete er seine Verlobte Maria Nys, gab den Lehrerberuf auf und wurde Journalist und Schriftsteller. Von 1923 an lebten die Huxleys abwechselnd in Italien, Frankreich und

England, 1925 unternahmen sie eine Weltreise, die sie nach Indien, China, Japan und Amerika führte.

Während dieser ersten Phase seiner schriftstellerischen Arbeit beschäftigte sich Huxley vor allem mit dem Zerfall der Werte und Ideale des 19. Jahrhunderts. In den »Goldenen Zwanzigern« sah er keine neue Lebensqualität, sondern nur eine oberflächliche Heiterkeit, die die zugrunde liegende Leere überspielen sollte. In dieser Zeit beschäftigte er sich intensiv mit Politik, weil er befürchtete, je mehr sich die Menschen den oberflächlichen Dingen widmeten, desto leichter wären sie zu lenken. Um seinen Lesern und der Öffentlichkeit zu demonstrieren, wohin das führen kann, schrieb er den Roman *Brave New World,* der 1932 erschien.

Brave New World, zu Deutsch *Schöne neue Welt* – diesen Titel hat Huxley von Shakespeare geliehen. In dessen Stück »Der Sturm« strandet eine Frau nach einem Schiffbruch auf einer Märcheninsel. Als sie den Bewohnern begegnet, ruft sie aus:

»O Wunder!
Was gibt's für herrliche Geschöpfe hier!
Wie schön der Mensch ist!
Schöne neue Welt, die solche Bürger trägt!«

Huxley führt uns allerdings nicht auf eine Insel wie die frühen Utopisten; sein Utopia existiert nicht nur auf einem kleinen Fleckchen irgendwo, nein, es umspannt als Weltstaat den ganzen Erdball.

Die Zeitrechnung der schönen neuen Welt beginnt mit der Produktion des ersten Ford-T-Modells im Jahre 1908. Der Roman spielt im Jahr »632 nach Ford«, also im Jahr 2540 nach Christus. Henry Ford hat mit der Einführung der Fließbandarbeit die industrielle Massenproduktion und mit der Zahlung hoher Löhne den Massenkonsum ermöglicht. Beides gilt als Grundlage der schönen neuen Welt, weshalb Ford als Gott verehrt wird.

In diesem Staat wird nichts dem Zufall überlassen, schon gar nicht die Geburt. Zu Beginn des Romans besucht eine Studentengruppe die »Brut- und Normzentrale Berlin-Dahlem«. Dort führt sie der Direktor durch die verschiedenen Abteilungen. Er zeigt ihnen die Brutöfen, wo aus befruchteten Eizellen in Flaschen Embryos gezüchtet und biochemisch genormt werden: Alphas, die künftigen Führungskräfte, erhalten beste Nährstoffe, damit sie sich optimal entwickeln können. Die später unter ihnen stehenden Betas, Gammas, Deltas und Epsilons bekommen nur so viel Nährstoffe, wie sie brauchen, um ihre Aufgaben erfüllen zu können. Außerdem wird bei ihnen die Sauerstoffzufuhr reduziert. »Je niedriger die Kaste, desto weniger Sauerstoff.« Das garantiert, dass keiner zu intelligent wird. »Wenn wir unsere Kleinlinge entkorken, haben sie bereits ihren festen Platz in der Gesellschaft.«

Durch das sogenannte Bokanowskyverfahren ist es möglich, aus einem befruchteten Ei bis zu sechsundneunzig Embryos zu gewinnen. »Völlig identische Geschwister, aber nicht lumpige Zwillinge oder Drillinge wie in den alten Zeiten des Lebendgebärens, als sich ein Ei manchmal zufällig teilte, sondern Dutzendlinge, viele Dutzendlinge.«

Wenn die Embryos dann »entkorkt« sind, kommen sie in die »Kleinkinderbewahranstalt«. Dort führt der Direktor die Studenten in die »Neo-Pawlowschen Normungssäle« und lässt ihnen vorführen, wie acht Monate alte Kinder der Deltakaste »genormt« werden: Man setzt sie zwischen Blumen und gibt ihnen Bilderbücher. Die Kinder freuen sich, bis plötzlich ohrenbetäubende Geräusche ertönen. Damit nicht genug: »Und jetzt werden wir ihnen die Lektion noch mit einem kleinen elektrischen Schlag einbläuen«, sagt der Direktor.

Die Kinder schreien und zucken, Arme und Beine bewegen sich unnatürlich ruckartig.

Nachdem der Strom unter dem Fußboden wieder abgestellt ist, erklärt der Direktor, dass man mit diesen und ähnlichen Lektionen den Kindern Reflexe »annorme«, in diesem Fall negative Reflexe gegen Bücher und Blumen. »Ihr ganzes Leben lang sind sie gegen Druckerschwärze und Wiesengrün gefeit.«

Das mit den Büchern verstehe er ja, sagt ein Student. Aber warum Deltas keine Freude an Blumen haben sollen, sei ihm nicht klar.

Der Direktor erklärt es ihm: Primeln und Landschaft haben einen großen Nachteil: sie sind gratis. Die Liebe zur Natur hält keine Fabrik in Gang. Deswegen hat man beschlossen, bei den niederen Kasten die Liebe zur Natur abzuschaffen. Denn die sollen ja in ihrer Freizeit konsumieren, was sie als Arbeitskräfte produziert haben. Das ist notwendig, damit die Wirtschaft läuft.

Nächste Station des Rundgangs ist die Schlafschule. Dort wird den Studenten die Hypnopädie vorgeführt: Den schlafenden Kindern werden durch elektronische Flüsterstimmen ihr jeweiliges Kastenbewusstsein und verschiedene Verhaltensregeln eingeprägt. Aus den Kopfkissen der Betakinder flüstert es gerade: »Alphakinder tragen Grau. Sie arbeiten viel mehr als wir, weil sie so schrecklich klug sind. Oh, wie froh bin ich, dass ich ein Beta bin und nicht so viel arbeiten muss! Wir Betas sind etwas viel Besseres als Gammas und Deltas. Gammas sind dumm. Sie tragen alle Grün, und Deltakinder tragen Khaki. Nein, ich mag nicht mit Deltakindern spielen. Und Epsilons sind noch schlimmer. Sie sind zu dumm zum Lesen und Schreiben. Außerdem tragen sie Schwarz, und das ist eine abscheuliche Farbe. Oh, wie froh bin ich, dass ich ein Beta bin!«

Das hören die Betakinder vierzig- bis fünfzigmal im Schlaf, »dreimal in der Woche, dreißig Monate lang. Danach erhalten sie Unterricht für Fortgeschrittene«.

Die Kinder der anderen Kasten hören die für sie produzierten Texte. Die Summe dieser Texte »bildet den Geist des Kindes. Und nicht nur den des Kindes, auch den des Erwachsenen – zeit seines Lebens. Der urteilende, begehrende, abwägende Verstand – er ist aus diesen Einflüsterungen aufgebaut. Und alle diese Einflüsterungen sind *unsere* Einflüsterungen!«, ruft der Direktor von seinen eigenen Worten begeistert, »Einflüsterungen des Staates!«.

Das oberste Gremium des Staates bilden die zehn Weltaufsichtsräte, kurz WAR genannt. Sie stammen aus der kleinen Alpha-plus-

Gruppe, sind die geistige Elite und müssen sich in ihrem Fachgebiet besonders auszeichnen. Dann werden sie ins Weltaufsichtsamt berufen »und in angemessener Zeit zum Aufsichtsrat befördert«. Einer von ihnen ist Mustafa Mannesmann, der WAR für Westeuropa. Er besucht die Brut- und Normzentrale, trifft dabei auf den Direktor mit der Studentengruppe und richtet »leibhaftig das Wort an sie«. Er beginnt mit dem »schönen und wahren Ausspruch Fords des Herrn: Geschichte ist Mumpitz«. Trotzdem erzählt er ihnen zur Verwunderung des Direktors von vergangenen Zeiten, als die Kinder noch von Männern und Frauen gezeugt wurden. Damals lebten die Eltern mit ihren Kindern als Familie unter einem Dach. Aber laut Mustafa Mannesmann war das viel besungene traute Heim der Familie ein Drecksnest: »Ein paar enge Räume, zum Ersticken vollgestopft mit Bewohnern, als da waren: ein Mann, ein in regelmäßigen Abständen trächtiges Weib, eine Horde Jungen und Mädchen aller Altersstufen. Keine Luft, kein Platz: ein verseuchter Kerker; Finsternis, Krankheit, Gestank … Kein Wunder, dass diese armen Geschöpfe der vormodernen Zeit verrückt, verrucht und todunglücklich waren.« Solche Geschöpfe waren so sehr mit sich selbst beschäftigt, dass sie ihre Aufgaben nicht gut erfüllen konnten. Deswegen funktionierte weder die Wirtschaft noch der Staat. Und wenn die nicht funktionieren, kommt es zu Krisen und Kriegen. Um das zu verhindern, ist Beständigkeit notwendig. »Keine Zivilisation ohne gesellschaftliche Beständigkeit. Keine gesellschaftliche Beständigkeit ohne Beständigkeit des Einzelnen.« Der Einzelne kann aber nur beständig sein, wenn sein Verhalten nicht von individuellen, sondern von genormten Gefühlen und Gedanken geleitet wird. Deswegen wurde der genormte Mensch geschaffen.

Dieser Mensch lebt ganz im Hier und Jetzt. Er beschäftigt sich weder mit der Vergangenheit noch mit der Zukunft und schon gar nicht mit dem Jenseits. Er glaubt nicht an ein höheres Wesen und ist nicht religiös. Sein Gott heißt Ford, ihm gebührt Lob und Preis, denn er ist der Vater der neuen Welt.

Dass die Familie längst abgeschafft ist, ergibt sich aus den bisherigen Ausführungen. Es gibt auch sonst keine dauerhaften Beziehungen zwischen den Geschlechtern. »Jeder gehört jedem«, lautet der Grundsatz, den jeder in der Schlafschule 62 000 Mal gehört hat. Folglich herrscht allgemeine Promiskuität, jeder schläft mit jedem. Sexualität ist Spaß, mit tieferen Gefühlen oder gar Liebe hat sie nichts zu tun.

»Was dir heute Freude macht, das verschieb nicht über Nacht«, lautet ein weiterer Satz aus der Schlafschule. Sämtliche Bedürfnisse sollen umgehend befriedigt werden, damit keine Frustration entsteht.

Der WAR fragt die Studenten, ob einer von ihnen jemals erlebt habe, »dass zwischen dem Bewusstwerden eines seiner Wünsche und der Erfüllung ein längerer Zeitraum lag«.

Nur einer meldet sich zögernd. »Einmal musste ich fast vier Wochen warten, bis ich ein Mädchen, das ich haben wollte, bekam.« Damals habe er sich grässlich gefühlt.

So etwas komme leider vor, sagt der WAR.

Aber für solche Fälle gibt es die Wunderdroge Soma. »Ein Gramm versuchen ist besser als fluchen« oder »Ein Kubikzentimeter vertreibt zehn Miesepeter«. Jeder erhält seine Tagesration und kann damit alle negativen Gefühle und Gedanken vertreiben.

Nachdem Aldous Huxley in den ersten drei Kapiteln die Grundzüge der schönen neuen Welt skizziert hat, führt er einige Personen ein, damit die Handlung in Gang kommt. Schließlich will er kein Sachbuch, sondern einen Roman schreiben. Eine dieser Personen ist Michel, »der Wilde«. Er ist in einem Indianerreservat in New Mexico aufgewachsen, wo die Menschen noch wie in alten Zeiten leben. Durch einige Verwicklungen, die hier nicht von Belang sind, kommt er in die schöne neue Welt und trifft Mustafa Mannesmann. Ein langes Gespräch, an dem noch zwei andere Männer beteiligt sind, bildet das geistige Zentrum des Romans.

»Der Wilde« begreift nicht, warum unterschiedliche Gruppen gezüchtet werden und nicht nur Alphas.

»Stellen Sie sich eine Fabrikbelegschaft aus lauter Alphas vor, das heißt, aus lauter verschiedenen, unabhängigen Persönlichkeiten mit erstklassiger Abstammung und einer Normung, die ihnen, in gewissen Grenzen, gestattet, Willensfreiheit zu entfalten … Es wäre absurd. Ein Mensch, der als Alpha entkorkt und genormt ist, würde wahnsinnig werden, wenn er die Arbeit eines Epsilon-Halbidioten verrichten müsste; er würde wahnsinnig werden oder alles kurz und klein schlagen.«

Der Wilde meint, die Epsilons müssten doch unglücklich sein, bei ihrer furchtbaren Arbeit.

»Furchtbar?«, fragt der WAR. »Die finden sie gar nicht furchtbar, sie haben sie gern. Sie ist leicht, kinderleicht, strengt weder Geist noch Körper an. Siebeneinhalb Stunden leichte, nicht ermüdende Arbeit, dann die Somaration, Sport, uneingeschränktes Sexualleben und Fühlfilme. Was können sie mehr verlangen? Natürlich könnten sie kürzere Arbeitszeit fordern, und wir könnten die ohne Weiteres bewilligen. Technisch wäre es ganz einfach, die Arbeitszeit der niederen Kasten auf drei oder vier Stunden am Tag herabzusetzen. Aber wären sie dann glücklicher? Nein! Das Experiment wurde vor mehr als hundertfünfzig Jahren unternommen. Ganz Irland erhielt den Vierstundentag. Ergebnis? Unruhen und gewaltig steigender Somaverbrauch, sonst nichts. Diese dreieinhalb Stunden zusätzlicher Muße waren so wenig ein Quell des Glücks, dass die Menschen sich Mittels Soma von ihnen beurlauben mussten. Das Erfindungsamt ist vollgepfropft mit Entwürfen für arbeitssparende Einrichtungen. Und warum führen wir sie nicht aus? Der Arbeiter wegen. Es wäre einfach zu grausam, ihnen allzu viel Muße aufzubürden.«

Neue wissenschaftliche Erkenntnisse und Erfindungen werden – wenn überhaupt – nur sehr behutsam verwendet. »Wir wünschen keine Änderung. Jede Änderung ist eine Bedrohung für die Stabilität … Wissenschaft ist gefährlich; wir müssen ihr Kette und Maulkorb anlegen.« Das gilt auch für Kunst und Literatur.

»Euer Glück kommt euch recht teuer zu stehen«, sagt der Wilde. »Was noch habt ihr geopfert?«

»Nun, Religion natürlich«, antwortet der WAR, obwohl er glaubt, dass es einen Gott gibt. Aber »Gott ist unvereinbar mit Maschinen, medizinischer Wissenschaft und allgemeinem Glück. Man muss wählen. Unsere Zivilisation hat Maschinen, Medizin und Glück gewählt«.

Dem Wilden will das nicht in den Kopf. So ein Glück ist ihm zu vordergründig, zu oberflächlich. Er fragt nach Leidenschaft und Heldentum, nach dem Edlen und Erhabenen.

»Mein lieber junger Freund«, sagt der WAR mit väterlicher Milde, »in einer wohlgeordneten Gesellschaft wie der unseren findet niemand Gelegenheit zu Edelmut und Heldentum. Solche Gelegenheiten ergeben sich nur in ganz ungefestigten Verhältnissen. Wo es Kriege gibt, Gewissenskonflikte, Versuchungen, denen man widerstehen, und Liebe, die man erkämpfen und verteidigen muss – dort haben Heldentum und Edelmut selbstverständlich einen gewissen Sinn. Aber heutzutage gibt es keine Kriege mehr. Mit größter Sorgfalt verhindern wir, dass ein Mensch den anderen zu sehr liebt. Und so etwas wie Gewissensbisse gibt es auch nicht: Man wird so genormt, dass man nichts anderes tun kann, als was man tun soll. Und was man tun soll, ist im Allgemeinen so angenehm und gewährt den natürlichen Trieben so viel Spielraum, dass es auch keine Versuchungen mehr gibt. Sollte sich durch irgendeinen unglücklichen Zufall wirklich einmal etwas Unangenehmes ereignen, nun denn, dann gibt es Soma, um sich von der Wirklichkeit zu beurlauben.«

Dem Wilden ist das alles zu wenig. Er will im Leben zur Abwechslung auch mal Wut, Angst, Ärger, Trauer und Tränen. »Ich liebe die Unannehmlichkeiten.«

»Wir nicht!«, entgegnet ihm der WAR. »Uns sind die Bequemlichkeiten lieber.«

»Ich brauche keine Bequemlichkeiten. Ich will Gott, ich will Poesie, ich will wirkliche Gefahren und Freiheit und Tugend. Ich will Sünde.«

»Kurzum, Sie fordern das Recht auf Unglück.«

»Gut denn«, sagt der Wilde trotzig, »ich fordere das Recht auf Unglück.«

»Ganz zu schweigen von dem Recht auf Alter, Hässlichkeit und Impotenz, dem Recht auf Syphilis und Krebs, dem Recht auf Hunger und Läuse, dem Recht auf ständige Furcht vor dem nächsten Tag, dem Recht auf typhöses Fieber, dem Recht auf unsägliche Schmerzen jeder Art?«

Langes Schweigen.

»All diese Rechte fordere ich«, stößt der Wilde endlich hervor.

Mustafa Mannesmann zuckt mit den Achseln und sagt: »Wohl bekomm's!«

Obwohl er in stillen Stunden Bücher aus der alten Welt liest und deren Literatur, Kunst, Philosophie und Religion durchaus schätzt, verteidigt er als Weltaufsichtsrat die neue Ordnung. »Die Welt ist jetzt im Gleichgewicht. Die Menschen sind glücklich, sie bekommen, was sie begehren, und begehren nichts, was sie nicht bekommen können. Es geht ihnen gut, sie sind geborgen, immer gesund, haben keine Angst vor dem Tod.«

Was kann der Mensch mehr wollen?

Seit Francis Bacon wuchs der Einfluss der Wissenschaften in der Welt beständig. Es gab viele fortschrittsgläubige Entwürfe, in denen wissenschaftliche Erkenntnisse und technische Errungenschaften gepriesen wurden. Viele Erkenntnisse und Erfindungen haben das Leben der Menschen auch beträchtlich erleichtert und angenehmer gemacht.

Aldous Huxley treibt in seinem Roman auf die Spitze, was alles machbar wäre. In einer Neuausgabe des Buches schreibt er 1946 dazu: »Alles in allem sieht es ganz so aus, als wäre uns Utopia viel näher, als irgendjemand es sich vor nur fünfzehn Jahren hätte vorstellen können. Damals verlegte ich diese Utopie sechshundert Jahre in die Zukunft. Heute scheint es durchaus möglich, dass uns dieser Schrecken binnen eines einzigen Jahrhunderts auf den Hals kommt.«

Das totale Glück in der vermeintlich schönen neuen Welt ist teuer erkauft. Der Mensch wird zu einem funktionierenden Wesen degradiert, das keinen eigenen Willen mehr hat. Die Sinne und Wünsche werden oberflächlich befriedigt, wahre Leidenschaft, Emotion, tiefe Erschütterung gibt es nicht mehr. Jeder Mensch bekommt noch vor der Geburt seinen Platz in der Gesellschaft zugewiesen. Und weil die Menschen nicht mehr frei, sondern gezüchtet und manipuliert sind, hinterfragen sie diesen Platz nicht. Der Wilde durchschaut dieses System und fordert für die Menschen das Recht auf Unglück. Eine Welt im künstlichen Einklang, ohne jede Aufregung, ohne jeden Konflikt lehnt er ab. Er will den echten Menschen, nicht das manipulierte und gefügig gemachte Abziehbild, auch wenn der Preis, den man dafür zahlt, Leid miteinschließt.

Huxleys Roman hat eine lange Rezeptionsgeschichte. Die häufigste Lesart ist, dass Huxley ganz allgemein auf Gefahren in wissenschaftlich-technischen Zivilisationen hinweisen wollte. Andere Interpretationen meinen, er habe die kapitalistische Industrie- und Konsumgesellschaft kritisieren wollen. Wieder andere lesen aus dem Buch eine Kritik an den Praktiken kommunistischer Regime heraus.

Zuletzt hat der französische Schriftsteller Michel Houellebecq mit seinem Roman »Elementarteilchen« eine neue Debatte ausgelöst, indem er Folgendes schrieb: »Ich weiß natürlich, dass man Huxleys Welt im Allgemeinen als totalitären Albtraum beschreibt und versucht, in diesem Buch eine scharfe Anklage zu sehen; doch das ist reine Heuchelei. Brave New World *ist für uns in jeder Hinsicht – sei es, was die genetische Kontrolle, die sexuelle Freiheit, den Kampf gegen das Altern oder die Freizeitkultur betrifft – ein Paradies. In Wirklichkeit ist es haargenau die Welt, die wir anstreben, wenn auch bisher noch ohne Erfolg.«*

Ernest Callenbach

Der Mensch soll die Erde nicht beherrschen wollen, sondern in Harmonie mit ihr leben

Mit dem Abwurf der ersten Atombomben auf das japanische Hiroshima und Nagasaki am 6. und 9. August 1945 ging der von Hitler-Deutschland entfesselte Zweite Weltkrieg endgültig zu Ende. Er kostete 55 Millionen Menschen das Leben und zeigte auf schreckliche Weise, wozu Menschen fähig sind.

Nach zwei Weltkriegen innerhalb von vierzig Jahren sollte mit dem Blutvergießen endlich Schluss sein. In flammenden Reden warben führende Politiker in aller Welt für eine Friedensordnung, die Kriege in Zukunft verhindern sollte. Doch die Realität sah anders aus, denn die beiden neuen Supermächte USA und Sowjetunion standen sich bald unversöhnlich gegenüber. Amerikanische Politiker gingen davon aus, dass die Sowjetunion die Welt kommunistisch machen wolle und deswegen jede sich bietende Möglichkeit nutzen werde, die geschwächten europäischen Staaten zu »schlucken«. Deswegen sei es notwendig, zumindest Westeuropa wirtschaftlich und militärisch so zu stärken, dass es als »Prellbock« dienen könne. Umgekehrt unterstellten sowjetische Politiker den USA, sie wollten Europa ins kapitalistische Lager ziehen und dessen Länder zu Satellitenstaaten machen, Staaten, die wirtschaftlich und politisch von der Großmacht abhängig wären. Die Auseinandersetzung zwischen dem westlichen System der parlamentarischen Demokratie mit marktwirtschaftlicher Ordnung und dem kommunistischen Einparteienstaat mit einer staatlich gelenkten Wirtschaft begann. Die Welt, geprägt durch die Politik der beiden Supermächte, teilte sich in zwei

Blöcke, die sich feindlich gegenüberstanden. Weil das ohne den Einsatz der gewaltigen Kriegsmaschinerien geschah, sprach man vom »Kalten Krieg«.

Aber auch »Heiße Kriege« mit offenen Kampfhandlungen bewegten die Welt in dieser Zeit, vor allem der Krieg in Vietnam. Dort mischten sich die USA Mitte der 1960er Jahre verstärkt ein, da sie im kommunistischen Nordvietnam eine Bedrohung nicht nur der unmittelbaren Nachbarn, sondern auch der eigenen politischen Interessen sahen. Gegen die militärische Auseinandersetzung und die US-Intervention protestierten in den Vereinigten Staaten und in Europa Tausende vor allem junger Menschen. Doch ihr Protest wandte sich nicht nur gegen einen ungerechten Krieg; er wandte sich grundsätzlich gegen die Politik der Väter und gegen die verkrusteten Gesellschaftsstrukturen, gegen eine Welt, die allein von Wirtschaftsinteressen bestimmt schien. Die kritische Intelligenz und die junge Generation fragten immer lauter, ob dieses Leben, das sich vorwiegend an materiellen Werten orientierte, wirklich lebenswert sei. Überhaupt wurden die alten Werte und Verhaltensmuster zunehmend infrage gestellt. Der Abbau aller »autoritären Strukturen« und »Basisdemokratie in allen Lebensbereichen« wurden gefordert. Ebenso die volle Gleichberechtigung der Geschlechter und eine tolerantere Sexualmoral. Weil viele Bürgerinnen und Bürger ihre Interessen in den Parlamenten nicht genügend berücksichtigt sahen, entstanden die ersten Bürgerinitiativen, aus denen die Anti-Atomkraft-, die Friedens- und die Frauenbewegung hervorgingen.

Nachdem seit den 1960er Jahren einiges in Bewegung geraten war, veröffentlichte der »Club of Rome«, eine Organisation, die sich bis heute mit internationalen politischen Fragen beschäftigt, 1972 eine Studie unter dem Titel »Die Grenzen des Wachstums«. Darin wurde anhand von Computer-Simulationen dargestellt, dass es innerhalb der nächsten hundert Jahre zu katastrophalen Krisen kommen wird, wenn die großen Wirtschaftsnationen die Rohstoffreserven der Welt im bisherigen Tempo weiter ausbeuten und die natürlichen Lebensräume zerstören. Diese Studie schockierte viele Menschen; es formierte sich Widerstand, immer mehr junge Menschen suchten nach neuen, alternativen Lebensformen.

In diesem Umfeld schrieb der Amerikaner Ernest Callenbach seinen utopischen Roman »Ökotopia«.

Callenbach wurde am 3. April 1928 in Williamsport (Pennsylvania) geboren und wuchs in einer ländlichen Umgebung auf, wo er nach eigener Aussage Hühner, Truthähne und Schweine züchtete. Besonders intensiv kann er sich dieser Arbeit allerdings nicht gewidmet haben, denn nach dem Besuch der Highschool studierte er an der Universität von Chicago und an der Pariser Sorbonne. 1954 zog er nach Kalifornien und lehrte an der University of California in Berkeley Filmgeschichte und -theorie.

Callenbach hat mehrfach darauf hingewiesen, dass sein utopischer Entwurf stark von jener Gegenkultur beeinflusst wurde, die einen radikalen Umbau der Industriegesellschaft forderte. »Der Roman entstand nicht allein in meinem Kopf, sondern war völlig abhängig von dem, was um mich herum hier in Kalifornien geschah. Ich möchte sogar sagen, dass ›Ökotopia‹ nur von jemandem geschrieben werden konnte, der speziell hier in der San Francisco Bay Area lebt. Hier gibt es den ›Sierra Club‹, ›The Friends of the Earth‹ und viele andere ökologische Initiativen, die zu diesem Zeitpunkt anderswo gar nicht denkbar gewesen wären.«

Neben diesen aktuellen Strömungen wurde Callenbach auch von der indianischen Kultur und Lebensweise beeinflusst; bei den Ureinwohnern Amerikas sah er grundlegende ökologische Ideen bereits verwirklicht.

1974 hatte Callenbach seinen Roman fertig und bot ihn einigen Verlagen an, doch alle lehnten ab. Er entschied, das Buch im Selbstverlag zu veröffentlichen, und es wurde erst zu einem »Untergrund-Bestseller«, dann zu einem weltweiten Erfolg.

Zu Beginn erfährt der Leser, dass sich die amerikanischen Bundessaaten Kalifornien, Oregon und Washington 1980 von den Vereinigten Staaten abgespalten und gemeinsam den unabhängigen Staat Ökotopia gegründet haben. Seither sind neunzehn Jahre vergangen, in denen es zwar Verbindungen zu anderen Staaten in der Welt gab, aber nicht zum Rest der Vereinigten Staaten. Als erster Amerikaner soll der New Yorker Journalist William Weston im Auftrag der *TIMES-POST* den jungen Staat besuchen, um »eine unvoreingenommene Einschätzung Ökotopias an Ort und Stelle« zu gewinnen. Weston führt ein Tagebuch, das am 3. Mai 1999 beginnt. Während er in Richtung Westen fliegt, notiert er: »Meine Aufgabe in den nächsten sechs Wochen wird also darin bestehen, das ökotopianische Leben in all seinen Aspekten zu durchleuchten – die Tatsachen hinter den Gerüchten ausfindig zu machen, in konkreten Einzelheiten zu beschreiben, wie die ökotopianische Gesellschaft tatsächlich funktioniert, ihre Probleme zu dokumentieren und, wo sie es verdient, ihre Errungenschaften anzuerkennen.«

Weil die ökotopianische Regierung aus Gründen der Luftverschmutzung und Lärmbelästigung keine Flüge über ihr Gebiet gestattet, muss Westons Maschine in Reno (Nevada) landen. Von dort fährt er mit dem Taxi weiter. An der Grenze durchsuchen zwei Posten Westons Gepäck gründlich; er darf alles behalten, bis auf seinen 45er-Revolver, den er in New York immer bei sich trägt. In Ökotopia brauche er keine Waffe, hier seien »die Straßen bei Tag wie auch bei Nacht völlig sicher«.

Die Reise geht im Zug weiter. »Meine Reisegefährten zündeten sich Zigaretten an – am Geruch erkannte ich, dass es sich um Marihuana handelte – und begannen sie herumzureichen. Als erste Geste meines Willens zur Völkerverständigung tat auch ich ein paar Züge, und schon bald plauderten alle ungezwungen miteinander.«

Weston fallen vier Behälter am Ende des Wagens auf, und man erklärt ihm, das seien Recycling-Körbe. Er beobachtet, dass seine Mitreisenden »ihre Metall-, Glas-, Papier- oder Plastikabfälle während der Fahrt ausnahmslos in die dafür vorgesehenen Behälter warfen.« Das ist Westons erste Begegnung mit »den strengen Recycling- und Wiederverwendungspraktiken« in Ökotopia.

Unterwegs schaut er aus dem Fenster und sieht schäbig und ärmlich wirkende Häuser. »Die Ökotopianer müssen geradezu allergisch gegen Farbe sein. Sie bauen mit Bruchsteinen, Lehmziegeln, verwitterten Brettern – offenbar mit allem, was sich gerade anbietet, aber der Schönheitssinn dafür, diese Materialien unter einer Farbe zu verdecken, fehlt ihnen völlig.«

Nachdem er in San Francisco angekommen ist und sich einen ersten Eindruck verschafft hat, schreibt er: »Viele Ökotopianer sehen aus wie Wildwestfiguren von anno dazumal, wie wiederauferstandene Gestalten aus dem Goldrausch. Es laufen ja weiß Gott genug ausgeflippt aussehende Typen bei uns in New York herum, aber deren Aufmachung ist gewollt, demonstrativ, theatralisch – eine Art Zurschaustellung. Die Ökotopianer dagegen könnten fast einem Buch von Dickens entsprungen sein: Reichlich seltsam sehen sie oft aus, aber nicht übergeschnappt oder schmuddelig wie die Hippies in den 60er Jahren … Die Leute gehen anscheinend sehr locker und spielerisch miteinander um, als ob sie unendlich viel Zeit hätten, alle sich ergebenden Möglichkeiten auszuprobieren. Die unausgesprochene Drohung offener krimineller Gewalt, die bei uns außerhalb der eigenen vier Wände überall zu spüren ist, gibt es hier nicht …

Ich hatte erwartet, wenigstens ein bisschen von der erregenden Geschäftigkeit unserer Städte vorzufinden – hupende Autos, heranbrausende Taxis, Menschenmassen, die sich in der Hast des Stadtlebens drängen. Als sich meine Überraschung über die Stille gelegt hatte, musste ich feststellen, dass sich die Market Street – einst eine belebte Geschäftsstraße, die durch die Stadt bis hinunter ans Meer führte – in eine Promenade mit Tausenden von Bäumen verwandelt hat. Die ›Straße‹ selbst, auf der elektrische Taxis, Kleinbusse und Lieferwagen entlangsummen, ist zu einer zweispurigen Winzigkeit zusammengeschrumpft. Den verbleibenden riesigen Raum nehmen

Radfahrwege, Brunnen, Skulpturen, Kioske und kuriose, mit Bänken umstellte Gärtchen ein. Die fast unheimliche Stille wird nur vom Surren der Fahrräder und dem Geschrei von Kindern durchbrochen. Gelegentlich hört man sogar Vogelgesang – und das auf der Hauptstraße der Landesmetropole!«

Als er in einem Hotel sein Zimmer bezieht, wundert er sich schon nicht mehr, dass es ein wenig altmodisch wirkt. Eher wundert er sich über »ein kleines schnittiges Bildtelefon«, das einfach zu bedienen ist und »eine weit bessere Bildqualität hat als unsere«.

Auf der Toilette macht Weston dann eine beinahe schmerzliche Erfahrung: »Das Toilettenpapier ist eine ökologische Gräueltat – es ist rau und ausgesprochen unschön.«

Am nächsten Tag hat Weston seinen ersten offiziellen Termin im Ernährungsministerium. Er wird von einem Staatssekretär in einem »erstaunlich unscheinbaren Büro« empfangen. Der erläutert ihm »das Konzept des stabilen Gleichgewichts«, an dem sich in Ökotopia das gesamte Leben orientiert. Sämtliche Lebensmittel werden ohne chemische Zutaten auf natürliche Weise produziert. Die Tiere in der Landwirtschaft »werden nicht eng zusammengepfercht gehalten. Wir wollen, dass sie unter Bedingungen leben, die dem Naturzustand nahekommen«. Alle Lebensmittelabfälle und Abwässer werden in organischen Dünger verwandelt und dem Boden wieder zugeführt. Das gilt auch für andere Produkte des täglichen Lebens. So dürfen zum Beispiel »Schuhsohlen keine Kunststoffbestandteile enthalten, weil diese sich nicht in natürlicher Weise zersetzen. Neue Glas- und Keramikarten mussten entwickelt werden, die, wenn man sie zerkleinert, zu Sand zerfallen. Auf Aluminium und andere nicht eisenhaltige Metalle wird weitgehend verzichtet … Fast nichts ist angestrichen, weil die Herstellung von Farben nur auf der Grundlage von Blei, Gummi oder Plastik möglich ist, die sich nicht zersetzen … Tatsächlich ist es so, dass die Ökotopianer sehr wenig von dem produzieren, was wir Müll nennen würden – Material, das man einfach irgendwo auf einer Kippe abladen muss«.

Nach dieser ersten Lektion erfährt Weston als Nächstes, dass die Städte in sogenannte »Nachbarschaften oder Gemeinden aufgefächert« worden sind. Ihre Straßen »sind fast ebenso schmal und gewunden wie in mittelalterlichen Städten ... Sie sind kaum breit genug für zwei Autos nebeneinander – aber natürlich gibt es keine Autos, sodass dieses Problem entfällt«. Die benötigten Güter und Waren werden mit der Eisenbahn und mit elektrischen Lastwagen in Containern angeliefert und von einem Terminal an der Peripherie aus auf einem unterirdischen Förderbandsystem zu allen Läden und Fabriken transportiert. »Die Symbole des früheren Zivilisationsbetriebes – Straßen, Autos, Tankstellen, Supermärkte – sind vollständig vom Erdboden getilgt, als ob sie nie existiert hätten.«

»Ist die ökotopianische Wirtschaft sozialistisch?«, fragt Weston einen hohen Regierungsbeamten.

Das sei nicht mit einem Ja oder Nein zu beantworten. Seit der Unabhängigkeit gelte in Ökotopia der Grundsatz, dass diejenigen, die in einem Betrieb arbeiten, auch dessen Eigentümer sind. »Niemand kann einfach eine Firma aufmachen, Arbeitern Lohn zahlen, sie entlassen, wenn er sie nicht mehr braucht, und so viel Profit einstreichen wie nur eben möglich.« Das gilt für kleine Handwerksbetriebe ebenso wie für Unternehmen mit 300 Beschäftigten (mehr sind nicht erlaubt, weil sonst »bürokratische, unbewegliche Gebilde« entstehen würden). Diese Betriebe und Unternehmen konkurrieren miteinander »ganz ähnlich wie kapitalistische Unternehmen«; ihr Ziel ist aber nicht, Konkurrenten vom Markt zu verdrängen oder zu »schlucken«, sondern die bestmöglichen Produkte herzustellen, und das in einem angenehmen Arbeitsklima. Weil es nicht darum geht, immer mehr zu produzieren und zu konsumieren, reichen zwanzig Arbeitsstunden pro Woche völlig aus.

Durch eine ausgeklügelte Steuerpolitik schöpft die Regierung einen Teil des Wirtschaftsertrags ab und benutzt das Geld für öffentliche Aufgaben. »Das System der nationalen Wohlfahrt wirkt erstaunlich unaufwendig, wenn man bedenkt, dass den Ökotopianern ein lebenslängliches Minimum an Lebensmitteln, Wohnung und ärztlicher Versorgung garantiert wird.«

William Weston begreift langsam den grundlegenden philosophischen Unterschied zwischen Ökotopia und den Vereinigten Staaten: Es handelt sich »um nichts Geringeres als um die Abkehr von der protestantischen Arbeitsmoral als dem Fundament, auf dem Amerika errichtet worden war«. Die Ökotopianer stehen auf dem Standpunkt, »die Menschheit sei nicht zur industriellen Produktion bestimmt, wie man im 19. und 20. Jahrhundert geglaubt hatte, sondern dazu, einen bescheidenen Platz im geschlossenen, ausgewogenen Gewebe des organischen Lebens einzunehmen und dabei dieses Gewebe so wenig wie möglich zu stören«. Die Menschen sollten ihr Glück nicht in der Herrschaft über die Erde und in möglichst viel Konsum, »sondern in einem Leben suchen, das sich in größtmöglicher Harmonie mit der Natur befindet«. Nur dann könne die Menschheit überleben.

Im politischen System gibt es keine so grundlegenden Unterschiede zu den westlichen Demokratien. Ökotopia ist ein demokratischer und sozialer Rechtsstaat. An der Spitze steht als Staatsoberhaupt seit der Staatsgründung eine Frau. Überhaupt spielen Frauen eine dominierende Rolle im Land. In der Regierungspartei, der »Survivalist Party«, sind sie tonangebend. »Die führende Oppositionspartei, die Progressive Party, vertritt weiterhin das, was die Survivalist Party als überholte und männliche Tendenzen ansieht: Individualismus, Leistungsdenken und verwandte Einstellungen.« Die Frauen, allen voran die Präsidenten Vera Alwin, haben einen neuen Politikstil eingeführt: Sie setzen nicht auf die Macht von Institutionen und Bürokratien, sondern auf persönliche Kompetenz und Glaubwürdigkeit.

Damit die Zentralregierung nicht zu viel Macht hat, wurde Ökotopia schon 1980 in fünf städtische und vier ländliche Distrikte aufgeteilt. »Innerhalb der Distrikte wurden die Machtbefugnisse der Gemeindeverwaltungen erheblich erweitert.«

Sitzungen des Parlaments, der Regierung und der Gemeindeverwaltungen werden vom Fernsehen übertragen. Die Leute können aber nicht nur zuschauen, sondern sich per Telefon mit Fragen und Kommentaren einschalten und so am politischen Willensbildungsprozess aktiv teilnehmen.

Ökotopia ist der erste utopische Entwurf, in dem die Grund- und Menschenrechte explizit genannt und in der Verfassung verankert sind. »Die Ökotopianer beschäftigen ebenso wie die Amerikaner ein großes Heer von Rechtsanwälten und neigen dazu, die verschiedensten Streitigkeiten vor Gericht auszufechten.« Was anderswo als Kavaliersdelikt gilt, betrachtet man hier als schwere Störung der öffentlichen Ordnung. So wird zum Beispiel das vorsätzliche Verschmutzen von Luft und Wasser mit strengen Gefängnisstrafen geahndet. »Unterschlagung, Betrug, Verdunkelung und andere ›Unehrenhaftigkeiten‹ werden mit derselben Strenge behandelt wie beispielsweise Überfall und Raub – die nebenbei bemerkt in Ökotopia nur selten vorkommen.«

Wer zu einer Gefängnisstrafe verurteilt wird, arbeitet tagsüber »unter leichter Bewachung« außerhalb des Gefängnisses »nach geltendem Arbeitsrecht und mit normaler Bezahlung«. Die übrige Zeit verbringen die Gefangenen »(auf Wunsch mit ihren Frauen, Männern oder Partnern) hinter Gittern«. Dieser humane Strafvollzug soll die Rückfallquote senken. »Man ist hierzulande der Auffassung, dass in Amerika die Gefängnisse nur Trainingslager für die nächsten Verbrechen der Häftlinge sind.« Das will man verhindern und stattdessen den Häftlingen »Zeit und Gelegenheit geben, eine nichtkriminelle Lebensweise unter realistischen Lebensbedingungen zu entwickeln«.

Wie in allen Utopien spielt auch in Ökotopia die Erziehung eine bedeutende Rolle. In den ersten Lebensjahren findet sie in den Familien statt. Deren Struktur hat sich seit der Unabhängigkeit allerdings sehr verändert. »Die Kleinfamilie, wie wir sie kennen, ist in einem raschen Auflösungsprozess begriffen. Die Ökotopianer sprechen zwar nach wie vor von ›Familien‹, meinen damit aber Wohngemeinschaften von fünf bis zwanzig Mitgliedern, die keineswegs immer miteinander verwandt sind.« Die Versorgungs- und Haushaltspflichten teilen sich Männer und Frauen ebenso wie die Kindererziehung, denn die Gleichberechtigung hat sich in Ökotopia »in erstaunlichem Maße durchgesetzt – Frauen üben verantwortliche Berufe aus, erhalten gleiche Bezahlung und bestimmen nicht zuletzt den Kurs der Survivalist Party«. Die Erziehung ist aber nicht nur Sache der Eltern, auch andere Mitglieder der Wohngemeinschaften übernehmen Verantwortung für die Kinder, kümmern sich um sie und bieten ihnen auch mal »Zuflucht vor den eigenen Eltern! Ökotopianische Kinder wachsen normalerweise inmitten solcher inoffiziellen ›Paten‹ auf, und ich habe noch nie eine fröhlichere Kinderschar gesehen als hier«.

Weston möchte wissen, wie die Ökotopianer zur genetischen Bevölkerungsplanung und zu der »fernen Möglichkeit des Klonens« stehen. Niemand will mit ihm darüber reden, denn alle empfinden bei diesen Dingen »großen Abscheu … Die allgemeine Abneigung beweist vielleicht, wie blind die Ökotopianer für die faszinierenden Möglichkeiten sind, die der Fortschritt der modernen Wissenschaft uns bietet. Sie mag aber auch Beweis dafür sein, dass die Ökotopianer eher als wir bereit sind, mit den biologischen Gegebenheiten zu leben«.

Neben die Erziehung in der Familie tritt für die Kinder ab dem sechsten Lebensjahr die Erziehung und Ausbildung durch Lehrerinnen und Lehrer. Auch in diesem Bereich erlebt William Weston einige Überraschungen. »So unglaublich es klingt: Die Kinder haben nur etwa eine Stunde pro Tag echten Unterricht in der Klasse. Als ich mich erkundigte, wie man sie davon abhält, in der Zeit, wo kein Lehrer sie beaufsichtigt, die Schule zu demolieren, erklärte man mir, dass die Schüler sich normalerweise eifrig mit ihren ›Projekten‹ beschäftigten.«

Ein wichtiger Lernort ist das angrenzende Waldstück, wo die Schüler Baumhäuser und unterirdische Verstecke bauen, Pfeil und

Bogen schnitzen, Angeln, Jagen und Überlebenstechniken lernen – »wobei mir allerdings auffällt, dass ihre Unterhaltungen mit biologischer Terminologie durchsetzt sind und dass sie anscheinend über eine erstaunliche wissenschaftliche Bildung verfügen«.

Ein weiterer Lernort ist der Schulgarten, in dem die Kinder »mindestens zwei Stunden am Tag *körperlich* arbeiten. Die Schulgärten spielen hier eine große Rolle, da sie Obst und Gemüse für die Mittagsmahlzeiten liefern«.

Wichtige Lernorte sind zudem die kleinen Werkstätten, in denen Kinder selbstständig Holzartikel herstellen, die verkauft werden. Dabei werden ihnen »geometrisches Vorstellungsvermögen, physikalisches Denken, komplexe Berechnungen und beim Zimmern erhebliche handwerkliche Geschicklichkeit abverlangt. Sie eignen sich die erforderlichen Informationen mit einer Begeisterung an, die nicht zu vergleichen ist mit der Art, wie die Kinder bei uns den vor- und aufbereiteten Lernstoff ›schlucken‹«.

Eine Überraschung ist für Weston auch, dass die Schulen keine öffentlichen Einrichtungen, sondern Privatunternehmen sind. »Die Lehrer-Mitglieder besitzen das Grundstück, die Gebäude und als ›Betriebskapital‹ den jeweiligen Ruf ihrer Schule. Es steht ihnen frei, die Schule so zu führen, wie *sie* es für richtig halten – und den Eltern steht es frei, ihre Kinder auf eine Schule *ihrer* Wahl zu schicken.«

Es gibt keine staatliche Schulaufsicht. Nur durch die zentralen Prüfungen, an denen die Schüler mit 12 und 18 Jahren teilnehmen müssen, wird eine Kontrolle über die Schulen ausgeübt. »Offenbar bewirkt schon der indirekte Druck vonseiten der Eltern, die an einer guten Vorbereitung ihrer Kinder auf diese Prüfungen – und auch auf das Leben – interessiert sind, dass sich die Schulen sehr um eine erfolgreiche Ausbildung der Schüler bemühen.«

Abschließend stellt Weston fest: Die Schüler lernen nichts isoliert, sondern alles in konkreten Zusammenhängen. Dabei erwerben sie zahlreiche Fähigkeiten und Kenntnisse auf vielerlei Gebieten. So sind sie in der Lage zu säen und zu ernten, sich eine Mahlzeit zuzubereiten und einfache Kleidungsstücke zu nähen; sie kennen die Lebensbedingungen Hunderter von Pflanzen- und Tierarten im Umkreis der Schule und in den Gebieten, die auf Wanderungen mit dem Rucksack erkundet werden. Man könnte darüber hinaus behaupten, dass die ökotopianischen Kinder bessere Beziehungen zueinander haben als die Kinder unserer großen, überfüllten Schulen mit ihren Disziplinproblemen; sie lernen offensichtlich, ihr Leben einigermaßen planvoll und eigenverantwortlich einzurichten«, und sind gut auf das ökotopianische Leben vorbereitet.

Auch in Forschung und Lehre erkennt Weston neue Wege. »Das Prinzip des Nürnberger Trichters und der Fließbandproduktion von Titeln, das an unseren Universitäten in der Regel immer noch dominiert, ist in Ökotopia ausgemerzt.« In kleinen Instituten und Laboratorien arbeiten Wissenschaftler mit Ingenieuren und Technikern zusammen, um neue Möglichkeiten zu finden, das »Konzept des stabilen Gleichgewichts« zu vervollkommnen. So sind die Ökotopianer zum Beispiel »außerordentlich stolz darauf, dass sie Erdöl-Produkte nur noch als Schmierstoffe verwenden und sogar erste Erfolge in ihrem Bemühen verzeichnen können, dauerhafte Schweröle auf pflanzlicher Basis herzustellen«. Auch dass es ihnen gelungen ist, einen Kunststoff zu entwickeln, der dem natürlichen Kreislauf wieder zugeführt werden kann, erfüllt sie mit Stolz. Und in der Energiegewinnung durch Sonne, Wind und Wasser hat man in Ökotopia große Fortschritte gemacht. Das alles sind Erfolge der »praktischen Wissenschaft«, die hierzulande betrieben wird.

Da in den Vereinigten Staaten wilde »Gerüchte über das ausschweifende Sexualleben der Ökotopianer« kursieren, möchte Weston zu diesem heiklen Thema Genaueres wissen. Dabei stellt er bald fest, dass das Thema hier gar kein heikles ist. Die Leute reden offen darüber, auch mit den Kindern. Und sie verbergen »ihre animalischen Bedürfnisse« keineswegs. »Einige Male bin ich zufällig dazugekommen, wie sich ein Pärchen gerade liebte, ohne dass die beiden sonderlich verlegen oder verärgert gewesen wären – es war nicht viel anders, als wenn man hereinkommt und jemand gerade ein Bad nimmt.«

Soweit Weston es beurteilen kann, scheinen ihm die sexuellen Bindungen relativ stabil zu sein. »Vorherrschend ist im Allgemeinen die heterosexuelle Zweierbeziehung mehr oder weniger dauerhafter Art – aber es gibt auch männliche und weibliche Homosexuellenpaare … Monogamie ist kein offiziell proklamierter Wert, aber die Paare sind gewöhnlich monogam (außer an vier Feiertagen im Jahr, zur Zeit der Sonnwendfeier und der Tagundnachtgleiche, wenn Promiskuität weit verbreitet ist).«

Dass Frauen auch auf sexuellem Gebiet gleichberechtigt sind, muss Weston am eigenen Leib erfahren. Nachdem er eine Frau auf der Straße angesprochen und mit ihr herumgealbert hat, »sagte sie nach einer Weile: ›Hör mal, wenn du nur ficken willst, dann sag es lieber gleich!‹, und zog angewidert ab.«

Mehr zu schaffen macht ihm das Verhalten von Marissa, in die er sich verliebt und mit der er eine stürmische Liebesnacht verbringt. »Wir müssen uns stundenlang geliebt haben. Kann es nicht beschreiben. *Will* es nicht.«

Später erfährt er, dass Marissa »ihrer gesamten ›Familie‹ zahlreiche Details über unsere Beziehung erzählt« hat, und ist schockiert. »Hast du denn überhaupt kein Gefühl fürs Privatleben?«, fährt er sie an.

Wütend faucht sie zurück: »Was soll das heißen? Diese Leute leben mit mir zusammen und lieben mich. Es ist ganz natürlich, dass sie wissen wollen, was mit mir los ist. Also erzähle ich es ihnen. Sie sagen mir, was sie davon halten, geben mir Ratschläge, beobachten mich, und ich sehe mich durch ihre Augen genauso wie durch meine.«

Mit dieser Offenheit hat Weston große Probleme. Er spricht sich mit Marissa in Ruhe aus und sieht »allmählich ein, dass ich ein übertriebenes Bedürfnis habe, romantische Regungen für mich zu behalten, und ihr habe ich, glaube ich, klarmachen können, wie fremd mir die Sitten hier sind«. Aber weil er sich von Marissa angezogen fühlt wie noch nie von einer Frau, ist er bereit, manches zu akzeptieren, was er noch vor wenigen Wochen abgelehnt hätte.

Eine dieser ihm fremden Sitten nennt William Weston einen »Rückfall in die Barbarei«. Es handelt sich um »die rituellen Kriegsspiele«, bei denen jährlich etwa fünfzig junge Männer getötet werden. Einmal wird Weston Zeuge eines solchen Kampfes. »Jeder der Männer hatte einen langen, bedrohlich wirkenden Speer mit einer Spitze aus geschliffenem schwarzen Stein. Und jeder bemalte seinen Körper mit primitiven, wilden bunten Mustern. Als sich nach einiger Zeit mehrere Hundert Zuschauer versammelt hatten, wurde als Zeichen zum Beginn ein großer Gong geschlagen. Daraufhin trat Stille ein; die Spannung unter den Zuschauern wuchs. Die ›Krieger‹ marschierten auf beiden Seiten des Flusses auf und bezogen ihre Positionen, jeweils eine Speerlänge voneinander entfernt.« Der Kampf dauerte so lange, bis Blut floss – einem »Krieger« wurde die Schulter durchbohrt. Damit hatte sein »Stamm« verloren und zog sich zurück. Die Sieger tanzten und feierten ausgelassen.

Weston fragt nach dem Sinn dieses barbarischen Brauchs. Ein älterer Mann erzählt ihm, von der Anthropologie wisse man, dass der Mensch nicht für ein völlig friedliches Leben geschaffen sei. Deswegen müsse man besonders den jungen Männern eine Möglichkeit bieten, »zu kämpfen, anzugreifen und zu fliehen, ihre Kameradschaft unter Beweis zu stellen, ihr wunderbares Potenzial an Schnelligkeit und Kraft einzusetzen, ihr Adrenalin auszuschütten, tapfer und furchtsam zu sein«.

Das könne man doch auch auf andere Weise erreichen, meint Weston.

Der Mann nickt und sagt grinsend: »In Amerika erreicht man einige dieser Ziele durch Kriege und durch Autos. Sie bieten die Möglichkeit, die Konkurrenzhaltung auszuleben, Aggressionen abzureagieren und sich gegenseitig zu vernichten.« Auf Amerikas Straßen gebe es jährlich 75 000 Tote, und die Zahl der gefallenen amerikanischen Soldaten liege, »aufs Jahr umgerechnet, bei etwa 5000«. Dagegen seien die 50 Opfer, die Ökotopia jährlich bringe, ein vergleichsweise bescheidener Blutzoll.

Diese Worte machen William Weston sehr nachdenklich.

Wie halten es die Ökotopianer mit der Religion? Dazu äußert sich Weston nur spärlich. Einmal berichtet er von kleinen Weihestätten, die über das ganze Land verstreut sind. Sie »sind Geistern geweiht, von denen man glaubt, dass sie über besonders schöne Zeiten und Ereignisse im Leben gewacht haben (manchmal auch über sehr traurige, etwa den Tod eines Kindes)«. Ein andermal schreibt er, die Ökotopianer »finden Trost in ihrer ökologischen Religion«, die sich auf indianisches Denken beruft. »Alte Ökotopianer verwenden viel Zeit und Kraft darauf, sich auf ihren Tod vorzubereiten. Man sagt sogar, dass sie wie die Indianer Nordamerikas den Tag ihres Todes bestimmen, ja sogar ihren Tod willentlich herbeiführen können. Dann gehen auch sie »in den Kreislauf des Lebens ein«. Dazu brauchen sie weder Priester noch eine Kirche – und von einem Gott ist nirgendwo die Rede.

Nach mehr als sechs Wochen schreibt William Weston am 19. Juni in seinem letzten Artikel für die *TIMES-POST*: »Ich bin, ob mir das gefällt oder nicht, zu der Einsicht gelangt, dass die hier durchgeführten sozialen Experimente auf biologischer Ebene erfolgreich gewesen sind. Die ökotopianische Luft und das ökotopianische Wasser sind überall klar wie Kristall. Das Land ist gut bestellt und ertragreich. Gesunde, unverfälschte Natur ist reichlich vorhanden. Alle Systeme des täglichen Lebens arbeiten auf der Basis des stabilen Gleichgewichts und können unbegrenzte Zeit weiterfunktionieren. Es lässt sich nicht abstreiten, dass die Menschen gesund sind und sich wohlfühlen. Auch wenn die extreme Dezentralisierung und emotionale Offenheit der Gesellschaft einem Amerikaner zunächst fremdartig erscheinen, muss man doch vieles zu ihren Gunsten anführen. In dieser Hinsicht stellt Ökotopia wohl eine schwierige Herausforderung für uns dar, und es liegt noch ein weiter Weg vor uns, wenn wir entsprechende Erfolge auch nur annähernd erreichen wollen.

Freilich sind diese Gewinne mit einem hohen Preis erkauft«, fährt er fort. Die Leistungsfähigkeit der Industrie und der Lebensstandard würden weit unter amerikanischem Niveau liegen. Außerdem sei die extreme Dezentralisierung der falsche Weg, weil es darum gehe, »den langen Marsch hin zu *einer* Welt des Friedens und der Freiheit fortzusetzen«. Mit Separatismus und Kleinstaaterei könne man die Probleme des 21. Jahrhunderts nicht lösen. Deswegen sei Ökotopia trotz allem, was er Positives erlebt und berichtet habe, kein Modell »für uns und unsere Nachkommen«.

Nachdem William Weston seinen Auftrag beendet hat, bittet er Marissa, mit ihm nach New York zu kommen. Sie hält das für »eine hirnverbrannte Idee« und fragt ihn: »Was soll ich dort *tun*? Ich wäre lediglich dein Anhängsel.«

Die beiden streiten und reden lange miteinander, kommen aber zu keinem Ergebnis. Da packt Weston schweren Herzens seine Sachen. Doch Callenbach lässt seine Hauptfigur nicht einfach abreisen. Er hält noch eine Überraschung bereit!

»Das Notizbuch wird mir vielleicht weggenommen, aber ich mache diese Eintragung trotzdem. Man hat mich gekidnappt! Gestern, als ich gerade beim Packen war, kamen drei Männer und eine Frau in mein Zimmer und forderten mich auf mitzukommen.«

Er wird an einen abgelegenen Ort in den Bergen gebracht. Dort wird er behandelt, als wäre er ein Urlauber. Es gibt gutes Essen, schöne Bäder, eine Sauna, alles zum Wohlfühlen. Aber Weston fühlt sich nicht wohl, sondern wie ein Gefangener und fragt: »Was wollt ihr von mir? Worum geht es in diesem Spielchen?«

»Wir wollen überhaupt nichts von dir«, erhält er zur Antwort. »Wir geben dir nur die Möglichkeit, ein paar Tage auszuspannen. Was du damit anfängst, bleibt dir überlassen.«

Weston will nicht ausspannen. »Ich will nach Hause, raus aus diesem Land. Alles hier bringt mich durcheinander. Es ist unwirklich, einfach unwirklich.«

»Für uns ist es Wirklichkeit – du lässt es für dich nicht Wirklichkeit werden.«

Weston denkt nach, lässt noch einmal alles Revue passieren, was er in den letzten Wochen erlebt hat, fühlt sich hin- und hergerissen, möchte weg und hierbleiben, bei Marissa.

Er zieht seine New Yorker Kleider an, zum ersten Mal seit sieben Wochen. »Ich ging zum Spiegel hinüber, legte mir die Krawatte um den Kragen und begann gedankenverloren, sie zu binden. Plötzlich erblickte ich mich im Spiegel, und mir sträubten sich die Haare. Ich sah schrecklich aus, ich hatte nichts *Menschliches* mehr an mir. Ein verkrampftes, steifes Spiegelbild schaute mich an. Wie betäubt setzte ich mich hin.«

Nach einer Weile reißt er sich die Kleider vom Leib, geht umher und nimmt ein warmes Bad. »Ich verlor jedes Gefühl für Zeit und Raum – nur das ständige Gurgeln des tief aus der warmen Erde kommenden Wassers drang an mein Ohr. Ich habe keine Ahnung, wie lange ich mich in diesem Zustand befunden habe, aber plötzlich hörte ich mich sagen: ›Ich bleibe in Ökotopia!‹ – erschreckend laut und deutlich. Im selben Moment schwand der Druck von meinem Kopf, und mir wurde klar, dass ich seit Wochen dagegen angekämpft hatte, diese Worte auszusprechen.«

Nun sind sie ausgesprochen, und damit hat Ökotopia einen Bewohner mehr.

Callenbachs Buch wurde von vielen, vor allem jungen Menschen begeistert aufgenommen. Von anderen wurde es belächelt und sein Autor verspottet. Callenbach habe aufgegriffen, was Anfang der 1970er Jahre im Westen der USA Thema gewesen sei: Friedensbewegung, Naturschutzbewegung, Feminismus und sexuelle Befreiung. Aus all diesen Zutaten habe er einen unausgegorenen Roman zusammengemixt, der auch literarisch nicht überzeugen könne. Die NEW YORK TIMES *sah in dem Buch »eine Mischung aus skandinavischem Sozialismus und nordkalifornischen Zurück-auf-das Land-Ideen« realisiert.*

Obwohl Callenbach sein »Ökotopia« in der nahen Zukunft ansiedelt, ist seine Utopie die erste, die sich rückwärts orientiert. Die Industriegesellschaft wird abgelehnt, das Heil in einem einfachen, harmonischen Leben mit der Natur gesucht. Das kam der Aussteigermentalität vieler Menschen in den 1970er Jahren entgegen, was den ungeheuren Erfolg des Buches und seinen Kultstatus erklärt. So wie die Ökotopianer wollten die Anhänger Callenbachs leben. Ob mit seinen Vorschlägen nicht nur sie, sondern auch die restlichen sechs Milliarden Menschen unseres Planeten ernährt werden könnten, war für die meisten keine Frage – dabei ist es eine der wichtigsten Menschheitsfragen überhaupt.

Insgesamt ist Callenbachs Utopie ein stark romantisierendes Zeitdokument von alternativen Lebensvorstellungen der 60er und 70er Jahre des 20. Jahrhunderts. Doch wie wir in größerem Einklang mit der Natur leben, sie vor allem nicht weiter zerstören, bleibt eines der zentralen Themen unserer Gesellschaft.

Nachwort

Und nun? Sind wir nach 2500 Jahren am »Ende der Utopie« angelangt, weil viel von dem realisiert wurde, was die Utopisten sich gewünscht haben, und weil heute alles oder doch fast alles machbar scheint? Zumindest gibt es seit dem Ende des 20. Jahrhunderts keine umfassenden Entwürfe von einem besten Staat mehr. Vielleicht liegt das an der viel zitierten Globalisierung, vielleicht traut sich niemand mehr, in unserer globalisierten Welt einen besten Staat zu entwerfen. Aber gerade wer global denkt, wer den Blick über seinen Staat hinausrichtet, wird schnell erkennen, dass Millionen, ja Milliarden Menschen in Zuständen leben, die schlimmer sind als zu Zeiten Platons. Um das zu ändern, sind neben praktischen Schritten auch Visionen nötig. Deshalb stellt sich heute wie vor 2500 Jahren die Frage: Wie wollen wir leben? Wie sieht die beste Welt aus?

Wenn die Politik, die Wirtschaft, vor allem aber auch die Gesellschaft dafür keinen Entwurf hat, können wir zwar fleißig arbeiten und reformieren, verhalten uns dabei aber wie ein Wanderer ohne Plan und Ziel. Der kann durchaus vorwärtskommen, eine sehenswerte Landschaft finden und eine schöne Aussicht genießen; es ist aber auch möglich, dass er im Kreis oder gar rückwärtsgeht. Damit es für Millionen und Milliarden Menschen nicht rückwärts-, sondern vorwärtsgeht, ist ein Plan nötig, eine Vision, eine neue Utopie!

Literaturliste

Platon: Der Staat, herausgegeben und übersetzt von Karl Vretska, Philipp Reclam Verlag, Ditzingen 1982

Thomas Morus: Utopia, übersetzt von Gerhard Ritter, Philipp Reclam Verlag, Ditzingen 1964

Tommaso Campanella: Der Sonnenstaat, in: Thomas Morus, Tommaso Campanella, Francis Bacon: Der utopische Staat. Utopia. Sonnenstaat. Neu-Atlantis, herausgegeben von Klaus J. Heinisch. Copyright für die deutsche Übersetzung von Klaus J. Heinisch: © 1960 by Rowohlt Taschenbuch Verlag GmbH, Reinbek bei Hamburg

Johann Valentin Andreae: Christianopolis, übersetzt von Wolfgang Biesterfeld, Philipp Reclam Verlag, Ditzingen 1975

Francis Bacon: Neu-Atlantis, übersetzt von Günther Bugge, Philipp Reclam Verlag, Ditzingen 1982

Louis-Sébastien Mercier: Das Jahr 2440. Ein Traum aller Träume, herausgegeben von Herbert Jaumann, Suhrkamp Verlag, Frankfurt/M 1982

Étienne Cabet: Reise nach Ikarien, übersetzt von F. von Wendel-Hippler, Berlin 1979

Karl Marx/Friedrich Engels: Manifest der Kommunistischen Partei, in: Karl Marx/ Friedrich Engels: Ausgewählte Schriften in zwei Bänden, Band 1, Dietz Verlag, Berlin 1974

H. G. Wells: Menschen, Göttern gleich, übersetzt von Paul v. Sonnenthal und Otto Mandl, Zsolnay Verlag, Wien 1993

Aldous Huxley: Schöne neue Welt. Ein Roman aus der Zukunft, übersetzt von E. Herlitschka © Fischer Taschenbuch Verlag in der S. Fischer Verlag GmbH, Frankfurt / M 1981

Ernest Callenbach: Ökotopia, übersetzt von Ursula Clemeur und Reinhard Merker, Rotbuch Verlag, Berlin 1978

Autor

Manfred Mai, geboren 1949 im schwäbischen Winterlingen, zählt zu den bekanntesten deutschen Kinder- und Jugendbuchautoren. Er hat Geschichte, Politikwissenschaft und Deutsch studiert und war Lehrer, bevor er sich ganz für das Schreiben entschied. Bei Hanser ist u.a. von ihm erschienen: eine »Europäische Geschichte«, eine »Weltgeschichte« und die Schiller-Biografie »Was macht den Mensch zum Menschen«. Manfred Mais Bücher sind von der Kritik hoch gelobt und bei Lesern ein großer Erfolg. Manfred Mai lebt mit seiner Frau in Winterlingen. Sie haben zwei erwachsene Töchter.